新时代宣传工作十讲

秦　强◎著

五洲传播出版社

图书在版编目（CIP）数据

新时代宣传工作十讲 / 秦强著 . ——北京：五洲传播出版社，2023.4

ISBN 978-7-5085-5036-7

Ⅰ . ①举… Ⅱ . ①秦… Ⅲ . ①宣传工作—研究—中国Ⅳ . ① D64

中国国家版本馆 CIP 数据核字 (2023) 第 057346 号

新时代宣传工作十讲

作　　者：秦　强
出 版 人：关　宏
责任编辑：梁　媛
策　　划：常武显
出版发行：五洲传播出版社
地　　址：北京市海淀区北三环中路 31 号生产力大楼 B 座 6 层
邮　　编：100088
发行电话：010-82005927　010-82007837
网　　址：http://www.cicc.org.cn　http://www.thatsbooks.com
设计制作：北京嘉悦信包装有限公司
印　　刷：北京市房山腾龙印刷厂
版　　次：2023 年 5 月第 1 版第 1 次印刷
开　　本：787 mm×1092 mm　1/16
印　　张：12.75
字　　数：123 千字
定　　价：49.80 元

目　录

第八讲 更好满足人民精神文化生活新期待

第九讲 不断提升中华文化影响力

第十讲 建设新时代高素质宣传工作队伍

前　言

守正创新做好新时代宣传工作

宣传工作是党的一项极端重要的工作，是党领导人民不断夺取革命、建设、改革胜利的优良传统和政治优势。[1]党的十八大以来，习近平总书记高度重视宣传工作，把宣传工作摆在全局工作的重要位置，亲自谋划、亲自指导、亲自推动，先后就宣传工作发表一系列重要讲话、作出一系列重要指示，为当前和今后一个时期宣传工作指方向、定思路、明要求。习近平总书记关于宣传工作的重要思想，深刻阐述了事关宣传工作长远发展的一系列重大理论问题和现实问题，系统阐述了新形势下党的宣传工作的历史方位和使命任务，进一步明确了今后宣传工作的方向目标和重点任务，是指导新形势下党的宣传工作的纲领性文献，把我们对宣传工作的规律性认识提升到一个新高度，

1　宣传工作，有时候称为宣传思想工作，有时候也称为宣传思想文化工作，一般情况下三者之间没有本质的区别，可以相互使用。如，在《中国共产党宣传工作条例》中使用的是“宣传工作”这个概念，在“全国宣传思想工作会议”中使用的是“宣传思想工作”这个概念，在“文化名家暨‘四个一批’人才、宣传思想文化青年英才”中使用的则是“宣传思想文化”这个概念。本书中往往根据使用语境的不同，采取相应的表述形式，并没有加以严格的区分。

为我们守正创新做好新时代新征程宣传工作提供了基本遵循。

要坚持把学习宣传贯彻习近平新时代中国特色社会主义思想作为首要任务。深入学习宣传贯彻习近平新时代中国特色社会主义思想，让习近平新时代中国特色社会主义思想成为时代最强音，是当前和今后一个时期宣传工作的首要政治任务和头等大事。要深刻意识到，宣传战线在学习宣传贯彻习近平新时代中国特色社会主义思想方面承担着双重使命，既要先学一步，着力抓好面向全党全社会的宣传教育，又要学深一层，认真组织好自身的学习贯彻。学习习近平新时代中国特色社会主义思想要注重理论联系实际，把提高理论素养与增强党性修养、提升工作本领结合起来，提高运用党的创新理论解决实际问题的能力，真正学出信仰、学出信念，学出初心、学出使命，学出本领、学出担当。

要坚持把旗帜鲜明讲政治作为根本政治要求。宣传工作就是政治工作，大事小情都要讲政治。做宣传工作，最重要的是旗帜鲜明讲政治，把对党忠诚作为第一位的要求，增强“四个意识”、坚定“四个自信”、做到“两个维护”，坚持党管宣传、党管意识形态，坚持以党的旗帜为旗帜、以党的方向为方向、以党的意志为意志，始终做到在党言党、在党忧党、在党为党，任何时候都与党同心同德、保持一致。在思想上政治上行动上同以习近平同志为核心的党中央保持高度一致，必须是嘴上说、心里想、实际做的高度一致，不搞表里不一致、言行“两张皮”，以强烈的政治自觉、清醒的思想认识、有效的工作举措，推动宣传事业不断开创新局面。

要坚持把守正创新作为重要原则和主攻方向。守正创新阶段的宣传工作，要着力在“守正”和“创新”上下功夫，做到守正不渝、创新不止，坚持在“守正”中“创新”，在“创新”中“守正”，以新的气象、新的作为，推动宣传工作开创新的局面。“守正”就是高举习近平新时代中国特色社会主义思想旗帜，坚守正确政治方向，弘扬主旋律、传播正能量，巩固壮大主流思想舆论，激励鼓舞广大党员干部、人民群众为改革发展稳定大局贡献力量；创新就是锐意进取，与时俱进，注重宣传工作的理念思路创新、方法手段创新、体制机制创新，因势而变、应势而为、顺势而动，用新思路解决新问题，用新方法产生新成效，用新格局构建新态势。

要坚持把增强本领能力作为履职尽责的关键核心。能力是干事之本，担当是创业之源。有多大担当才能干多大事业，尽多大责任才会有多大成就。要守正创新做好新形势下宣传工作，必须要政治过硬、本领高强，始终把使命任务放在心里，把职责担当扛在肩上，不断增强脚力、眼力、脑力、笔力，切实提高干事创业、履职尽责的本领能力。要着力强化能力建设，锐意改革创新，勇于担当作为，以高素质、好把式、真功夫干出更多漂亮活，以坚定的决心、有力的举措、扎实的作风，切实推动宣传工作迈上新台阶。

第一讲

坚持党对宣传工作的全面领导

宣传工作是党的一项极端重要的工作，是党领导人民不断夺取革命、建设、改革胜利的优良传统和政治优势。要加强党对宣传思想工作的全面领导，旗帜鲜明坚持党管宣传、党管意识形态。要以党的政治建设为统领，牢固树立“四个意识”，坚决维护党中央权威和集中统一领导，牢牢把握正确政治方向。

第一节　让党的旗帜在宣传战线高高飘扬

一、宣传工作本质上是政治工作

党政军民学，东西南北中，党是领导一切的。中国共产党是中国特色社会主义事业的坚强领导核心，是最高政治领导力量，各个领域、各个方面都必须坚定自觉坚持党的领导。宣传工作是党的一项极端重要的工作，必须切实加强党对宣传工作的全面领导，让党的旗帜在宣传思想战线高高飘扬。中国特色社会主义最本质的特征是中国共产党领导，中国特色社会主义制度的最大优势是中国共产党领导，党是最高政治领导力量。党的政治建设是党的根本性建设，决定党的建设方向和效果。宣传工作承担着“两个巩固”的根本任务，本质上是政治工作，宣传部门是政治部门，在加强党的政治建设方面应该有更高标准和要求。

1. **要把党的政治建设摆在首位。**旗帜鲜明讲政治是我们党作为马克思主义政党的根本要求。在革命、建设、改革各个时期，我们党都高度重视党的政治建设，形成了讲政治的优良传统。宣传战线必须把旗帜鲜明讲政治的要求融入工作全过程，引导宣传战线各级领导班子和领导干部高举中国特色社会主义伟大旗帜，全面贯彻党中央精神，坚持以马克思列宁主义、毛泽东思想、邓小平理论、“三个代表”重要思想、科学发展观、习近平新时代中国特色社会主义思想为指导，坚持党的基本理论、基本路线、基本方略，深刻领悟“两个确立”的决定性意义，增强“四个意识”，坚定“四个自信”，做到“两个维护”，以坚定态度、自觉行动、实际成效，自觉在思想上政治上行动上同党中央保持高度一致。

2. **要落实管党治党主体责任。**党的十九大提出，新时代党的建设总要求是：坚持和加强党的全面领导，坚持党要管党、全面从严治党，以加强党的长期执政能力建设、先进性和纯洁性建设为主线，以党的政治建设为统领，以坚定理想信念宗旨为根基，以调动全党积极性、主动性、创造性为着力点，全面推进党的政治建设、思想建设、组织建设、作风建设、纪律建设，把制度建设贯穿其中，深入推进反腐败斗争，不断提高党的建设质量，把党建设成为始终走在时代前列、人民衷心拥护、勇于自我革命、经得起各种风浪考验、朝气蓬勃的马克思主义执政党。[1]党的二十大进一步强调，我们要落实新时代党的建设总要求，健全全面从严治党体系，全面推进党的自我净化、自我完善、自我革新、自我提高，使我们党坚守初心使命，始终成为中国特色社会主义事业的坚强领导核心。[2]宣传战线必须贯彻好新时代党的建设总要求，从严抓好宣传战线党建工作，把党的全面领导贯彻到宣传领域各方面，毫不动摇坚持党管宣传、党管意识形态、党管媒体，坚持政治家办报、办刊、办台、办新闻网站。

1 习近平：《决胜全面建成小康社会夺取新时代中国特色社会主义伟大胜利——在中国共产党第十九次全国代表大会上的报告》，《人民日报》2017 年 10 月 28 日。

2 习近平：《高举中国特色社会主义伟大旗帜 为全面建设社会主义现代化国家而团结奋斗——在中国共产党第二十次全国代表大会上的报告》，《人民日报》2022 年 10 月 26 日。

3. **要严明政治纪律和政治规矩**。政治纪律是党最根本、最重要的纪律，是净化政治生态的重要保证。把坚决做到“两个维护”作为首要政治纪律，在宣传战线持续深入开展忠诚教育，开展“守纪律、讲规矩”模范机关创建和先进个人评选活动，教育督促党员干部始终对党忠诚老实，决不允许在重大政治原则问题上、大是大非问题上同党中央唱反调，搞自由主义。坚持“五个必须”，必须维护党中央权威，决不允许背离党中央要求另搞一套；必须维护党的团结，决不允许在党内培植个人势力；必须遵循组织程序，决不允许擅作主张、我行我素；必须服从组织决定，决不允许搞非组织活动；必须管好领导干部亲属和身边工作人员，决不允许他们擅权干政、谋取私利。严守党的宣传纪律和工作纪律，认真贯彻《中国共产党宣传工作条例》，不折不扣贯彻党的宣传工作的重要原则和方针政策。

二、坚持党对宣传工作的全面领导的重要意义

宣传工作是党的一项极端重要的工作，是党领导人民不断夺取革命、建设、改革胜利的优良传统和政治优势。习近平总书记在继承以前思想成果的基础上，结合新形势下我国社会发展的新特点、新情况，创造性地将宣传工作上升到极端重要的战略位置，突显了党对宣传工作的全面领导的重要性。

1. **坚持党对宣传工作的全面领导，是我们党优良传统和政治优势的深刻总结**。一贯注重对宣传工作的领导，充分发挥宣传工作的作用，团结全党、动员群众，为实现伟大目标而奋斗，这是我们党的优良传统和政治优势。实践证明，宣传工作是贯彻党的路线方针政策、实现党的领导的重要途径，是统一全党和全国人民思想、完成党的任务的

重要保证。党的发展和壮大，党领导的革命和建设事业的前进和胜利，都与党的艰苦细致、卓有成效的宣传工作密不可分。毛泽东同志早就指出：“红军的宣传工作是红军的第一个重大工作。”“掌握思想是团结全党进行伟大政治斗争的中心环节。”邓小平同志认为，“党的宣传思想工作实质是为无产阶级革命与建设服务的，是战斗的一种‘武器’”。习近平总书记强调：“意识形态工作是党的一项极端重要的工作。”[3] 历史充分证明，无论是革命战争年代，还是社会主义建设时期，要取得伟大胜利，必须加强党对宣传工作的全面领导，充分发挥宣传工作强有力的作用。

2. **坚持党对宣传工作的全面领导，是我们党总揽全局、协调各方的必然要求**。党政军民学，东西南北中，党是领导一切的。党的十九大报告，把“坚持党对一切工作的领导”作为新时代坚持和发展中国特色社会主义基本方略中的第一条。党的二十大报告进一步强调，党的领导是全面的、系统的、整体的，必须全面、系统、整体加以落实。坚持党对一切工作的领导，是推进新时代中国特色社会主义事业的根本保证。宣传工作是党的事业的重要组成部分，坚守着党的思想舆论阵地，承担着“举旗帜、聚民心、育新人、兴文化、展形象”的使命任务。要从根本上保证中国特色社会主义不变色、不变质，维护和巩固中国共产党的领导核心地位，用习近平新时代中国特色社会主义思想武装全党、教育人民，必须加强党对宣传工作的全面领导。

3. **坚持党对宣传工作的全面领导，是我们党抓好宣传工作的根本遵循**。党的十八大以来，我们党把宣传工作摆在全局工作的重要位置，

3　习近平：《论党的宣传思想工作》，中央文献出版社 2020 年版，第 14 页。

作出一系列重大决策，实施一系列重大举措，意识形态工作取得重大成就。同时，我们也要清醒地认识到，新形势下的意识形态领域问题具有长期性和复杂性。特别是当前国际形势风云变幻，各种思想文化交流交锋更加频繁，各种社会矛盾和现实问题相互交织。在这样的情况下，只有加强党对宣传工作的全面领导，保证党对意识形态工作领导权和主动权，才能增强党和国家的凝聚力向心力。

三、加强和改进党对宣传工作的全面领导的基本要求

我们党要成为长期执政的执政党，既要重视经济、政治领域的领导能力建设， 也要重视意识形态领域的领导能力建设。要应对思想大活跃、观念大碰撞、文化大交融的新形势， 担负起建设具有强大凝聚力和引领力的社会主义意识形态这一战略任务，必须加强和改进党对宣传工作的全面领导，为实现党中央战略目标、夺取中国特色社会主义新胜利提供坚强思想保证和良好舆论环境。

一要压实压紧党委责任。加强意识形态领域党的领导和党的建设，最重要的就是落实好意识形态工作责任制。各级党委要切实负起政治责任和领导责任，加强对宣传领域重大问题的分析研判和重大战略性任务的统筹指导，不断提高领导宣传工作能力和水平。要把宣传工作摆在重要位置，排上议事日程，坚决克服对宣传工作不想抓、不会抓、不敢抓的问题，认真解决“本领恐慌”“能力不足”问题，切实把宣传工作、意识形态工作紧紧抓在手上，提高驾驭能力、增强工作主动性，牢牢掌握意识形态领域的领导权、管理权、话语权。

二要坚决把好正确方向。意识形态关乎旗帜，关乎道路，必须要牢牢把握正确政治方向。把好方向，就要坚持围绕中心、服务大局，

在坚持以经济建设为中心的同时，理直气壮地做好意识形态工作，引导广大干部群众为实现第二个百年奋斗目标和中华民族伟大复兴的中国梦而奋斗；把好方向，就要坚持正确舆论导向，增强政治敏锐性和鉴别力，旗帜鲜明坚持真理，立场坚定批驳谬误；把好方向，就要坚持党性和人民性的高度统一，把体现党的意志和反映人民心声统一起来，做到让党放心、让人民满意；把好方向，就要敢抓敢管、敢于“亮剑”，在错误思潮面前，在敌对势力诋毁攻击时，必须坚持原则，开展有理有利有节的斗争。

三要切实管好用好阵地。宣传舆论阵地是传播先进思想文化的载体，必须发出强有力的党和人民的声音，弘扬主旋律，传播正能量。这就要求我们增强阵地意识，坚持守土有责、守土负责、守土尽责，有效掌控宣传阵地。要坚持党管媒体，坚持政治家办报、办刊、办台、办新闻网站，各级各类传播渠道都要坚持党的领导。要提高新闻舆论传播力、引导力、影响力、公信力，巩固壮大主流思想舆论。要加强传播手段和话语方式创新，让党的创新理论“飞入寻常百姓家”，向世界展现真实、立体、全面的中国。要科学认识网络传播规律，提高用网治网水平，净化网络环境、规范网络秩序，深入开展网上舆论斗争，绝不能让网络阵地游离于党的领导之外。

四要着力配好建强队伍。宣传工作是一项政治性、敏感性、专业性极强的工作，做好宣传工作，首要在人、关键在队伍。各级党委要把宣传战线领导班子和干部队伍的思想政治建设摆在首位，切实抓好党的理论和路线方针政策的学习，抓好政治纪律和政治规矩的执行，抓好党性原则、品行修养的锤炼，增强贯彻党中央关于意识形态工作决策部署的自觉性坚定性，不断增强脚力、眼力、脑力、笔力，努力打造一支政治过硬、本领高强、求实创新、能打胜仗的宣传工作队伍。

五要认真抓好统筹协调。宣传工作是全党的工作，也是全社会的工作。各级党委要把宣传工作放在改革发展稳定大局中，牵头抓总，整合资源，形成合力，下好“一盘棋”。要切实扭转把宣传工作仅仅看作是党委甚至只是宣传部门的工作的错误认识。要站在全局的高度，大力整合各种力量和资源，充分调动方方面面的积极性，加强协作，取长补短，多头并进，形成在党委统一领导下的职责明确、齐抓共营的工作机制，构建覆盖全党全社会的“大宣传”格局，增强全党全社会做好宣传工作的合力，提高宣传工作的战斗力。

第二节　持之以恒改进作风、转变文风

一、纠正“四风”不能止步，作风建设永远在路上

党的十八大以来，以习近平同志为核心的党中央以强烈的历史担当和顽强的意志品质，直面党内存在的种种问题和弊端，从制定和执行中央八项规定破题，严字当头、刀刃向内，坚定不移推进全面从严治党，刹住了许多过去被认为不可能刹住的歪风，解决了许多过去被认为不可能解决的问题，党风政风焕然一新，社会风气整体好转。党的十九大以来，习近平总书记多次就加强作风建设特别是查摆和纠正形式主义、官僚主义问题作出重要指示，强调“纠正‘四风’不能止步，作风建设永远在路上”，要求针对表态多调门高、行动少落实差等突

出问题，拿出过硬措施，扎扎实实地改。这些重要指示精神，是在新起点上加强作风建设的再部署，是深化作风建设的动员令，是我们驰而不息纠正“四风”的重要遵循，充分表明了以习近平同志为核心的党中央坚定不移全面从严治党、持之以恒正风肃纪的鲜明态度和坚强决心。

党的十九大对作风建设提出了新的更高要求，十九届中央纪委历次全会都对坚持不懈纠正“四风”作出具体部署，要求我们不断提高政治站位和政治觉悟，关注“四风”隐形变异、改头换面等新动向，紧盯享乐主义和奢靡之风，严惩顶风违纪行为，坚决防止反弹回潮，尤其要在反对形式主义、官僚主义上下更大功夫，既解决老问题，也察觉新问题，不松劲、不停步、再出发，以永远在路上的坚韧锲而不舍深化作风建设，不断巩固拓展落实中央八项规定精神成果。

党的二十大进一步指出，党风问题关系执政党的生死存亡，强调弘扬党的光荣传统和优良作风，促进党员干部特别是领导干部带头深入调查研究，扑下身子干实事、谋实招、求实效。锲而不舍落实中央八项规定精神，抓住“关键少数”以上率下，持续深化纠治“四风”，重点纠治形式主义、官僚主义，坚决破除特权思想和特权行为。[4]

抓作风建设，关键在党，关键在领导干部。纠正形式主义、官僚主义，必须抓好“关键少数”，形成身体力行、以上率下的“头雁效应”。一方面，领导机关、领导干部带头，从文件印发、会议召开、政务公开、

4 习近平：《高举中国特色社会主义伟大旗帜 为全面建设社会主义现代化国家而团结奋斗——在中国共产党第二十次全国代表大会上的报告》，《人民日报》2022年10月26日。

审批监管、调查研究等方面，扎扎实实地抓、认认真真地改，以优良作风带动下级党政机关和党员干部转作风改作风。另一方面，从各级党组织主要负责人抓起，自觉不搞并严格纠正形式主义、官僚主义，真正做到改进调查研究、精简会议和文件简报、厉行勤俭节约、自觉反对特权，以“关键少数”的自我革命带动“绝大多数”党员干部的作风转变。同时，认真查摆本地区本部门本单位存在的形式主义、官僚主义表现，拿出见人见事的过硬整改措施，推动作风建设深入开展。

形式主义、官僚主义的实质是党群关系问题。“四风”问题是割裂党同人民群众血肉联系的利刃，必须下大气力从根本上解决。抓铁有痕、踏石留印，以钉钉子精神打好作风建设持久战，不断铲除形式主义、官僚主义滋长的土壤，让党风政风正气充盈、清朗昂扬。在党的历史上，同形式主义和官僚主义的斗争从来就没有停止过。特别是党的十八大以来，从制定和执行中央八项规定开始，全党上下纠正“四风”取得重大成效，享乐主义、奢靡之风等显性问题明显减少，但仍然面临反弹回潮压力，特别是形式主义、官僚主义顽固不化，出现了新的变种，对党内政治生态造成恶劣影响。

2018年年底，习近平总书记就新华社一篇《形式主义、官僚主义新表现值得警惕》的文章作出重要指示，指出，文章反映的情况，看似新表现，实则老问题，再次表明“四风”问题具有顽固性反复性，纠正“四风”不能止步，作风建设永远在路上。2019年初，中央纪委办公厅又印发《关于贯彻落实习近平总书记重要指示精神集中整治形式主义、官僚主义的工作意见》，全面启动集中整治形式主义、官僚主义工作，梳理出形式主义、官僚主义在贯彻落实党的路线方针政策、中央重大决策部署，联系群众、服务群众，履职尽责、服务经济社会发展，学风会风文风及检查调研四个方面的12类突出问题，明确了确保集中整治工作取得实效的9条具体举措。这是实现作风建设的根本性好转的重要举措，是站在新的起点上对作风建设作出的再动员、再部署、再深化。

形式主义、官僚主义是党和国家事业发展的大敌，是影响宣传工作实际效果的顽疾，要把力戒形式主义、官僚主义作为重要任务，从讲政治的高度来审视，从思想和利益根源上来破解。当前，我们正处在开启建设社会主义现代化国家新征程的关键时期。面对新的使命任务，面对人民群众对美好生活的向往，宣传干部必须更加锐意进取、奋发有为，突出“实”、力戒“虚”。坚持一切从实际出发，大兴调查研究之风，把情况摸清楚，把问题找准确，把举措搞对路，创造性开展工作。崇尚实干，力戒表态多调门高、行动少落实差，要敢抓敢管、敢于担当，实打实、硬碰硬，一项一项、一件一件地抓。务求实效，着眼效果谋划工作，围绕效果推进工作，根据效果检验工作，注重动态调整、反馈改进、科学评估，真正使我们的工作得到人民认可、经得起实践检验。

形式主义、官僚主义同我们党的性质宗旨和优良作风格格不入，是我们党的大敌、人民的大敌。当前，我国已进入全面建设社会主义现代化国家新时期，经济发展已由高速增长阶段转向高质量发展阶段，正处在转变发展方式、优化经济结构、转换增长动力的攻关期。越是在经济发展关键期、社会转型深水区，越需要唤起对人民群众的赤子之心；越需要我们做工作一切从实际出发，理论联系实际，实事求是；越需要党员干部的言行具有示范效应。而形式主义、官僚主义者眼中没有群众，华而不实，哗众取宠，不能根据当地当时实际情况创造性地贯彻落实党的路线方针政策，只唯书、唯上，不唯真、唯实，搞脱离实际的盲目攀比，劳民伤财的形象工程，势必造成人力、物力、财力和时间的浪费，助长弄虚作假、投机取巧的心理和好大喜功的浮夸作风，严重损害党和政府的威信，破坏党群、干群关系，败坏社会风气，污染政治生态，对于凝聚党心民心危害极大，对于实现第二个百年奋斗目标、实现中华民族伟大复兴危害极大。

产生形式主义、官僚主义的原因往往是复杂的，包括思想观念的惯性，担当精神的缺失，工作能力的不足，工作方法的单一，体制机制的不完善，等等。归根到底，作风问题归根结底还是党性问题。那些出了问题的党员干部正是因为党性修养放松、宗旨意识淡薄，价值观、权力观和政绩观出现偏差，才会摆弄自欺欺人的形式，成为颐指气使的官气。一些领导干部特权思想、等级观念严重，遇事总是高高在上，习惯于简单粗暴的长官意志和发号施令，使他们成了形式主义、官僚主义的俘虏。有些党员干部自己功底不厚，本领不高，面对矛盾和问题时，心中无数，束手无策，拿不出切实可行的解决办法，只好把上级精神原封不动地照抄照转下去，而不管是否符合实际，不管是否能解决问题。有些党员干部循规蹈矩“一刀切”，一有工作就习惯开会、发文、评比，一讲工作创新就习惯提新口号、整几个新词，对上面的决策部署空喊口号、不抓落实。有些党员干部安于守成“不出事”，习惯按照过去的标准守好摊，简单重复和套用原有方式方法，导致不作为、慢作为。形式主义、官僚主义的病灶难以根除的一个重要原因，还在于责任压力传导不到位。有的领导机关、领导干部存在“灯下黑”“手电筒只照别人不照自己”等问题，他们把自己当成改进作风的旁观者，而不是参与者和践行者。

习近平总书记强调指出："工作作风上的问题绝对不是小事"，"我们不舒服一点、不自在一点，老百姓的舒服度就好一点、满意度就高一点，对我们的感觉就好一点。"[5]各级党组织和广大党员领导干部一定要克服"差不多了""可以歇一歇了"的想法，增强经常性对照检查的承受力，养成在监督下工作的习惯，提振敢于自我革命的精神，在整治形式主义、官僚主义上下更大功夫，为全面建设社会主义现代化国家提供坚强政治保证。

二、形式主义、官僚主义是宣传战线作风建设首先要克服和解决的问题

作风建设的核心问题是密切党同人民群众的血肉联系。有什么样的作风，就会有什么样的党群、干群关系。形式主义、官僚主义，直接剥夺了人民群众的安全感、幸福感和获得感，这与我们党全心全意为人民服务的根本宗旨是背道而驰的，与党一贯倡导的密切联系群众的优良传统和作风是格格不入的，是党和人民事业的大敌，更是宣传战线作风建设首先要克服和解决的问题。宣传工作是在人的头脑里搞建设，最终要作用在人们的思想深处，要真正发挥效果，不能笼而统之、大而化之，期望用一把钥匙开所有的门，而要对症下药、因人施策，绝非一朝一夕之功，要让群众接受、信服、拥护，不付出艰辛的努力难有所成。

党的十八大以来，以习近平同志为核心的党中央大力整治"四风"，

5 《习近平关于全面从严治党论述摘编》（2021 年版），中央文献出版社 2021 年版，第 306 页。

成效卓著，“四风”问题得到有效整治，享乐主义、奢靡之风基本刹住，但形式主义、官僚主义具有复杂性、顽固性、多样性、变异性，仍然在一定范围内存在，甚至出现隐形变种，这在宣传领域中也有不同程度表现、有的还十分突出。比如，不分层次、不看对象，东西南北一个稿、男女老少一个样，大水漫灌、上下一般粗的问题，有的宣传只会照搬文件、套用概念，缺少对现实问题和群众关切的回应，结果是外行看不懂、内行不愿看。比如，有的作风漂浮、文风浮夸，深入群众、联系群众不够，脱离实际、不接地气，宣传工作下基层与群众面对面交流少了，浮在上面开会发文多了。比如，做表面文章，浅尝辄止、不加消化、囫囵吞枣喊口号、装样子，热衷于搞表面文章花拳绣腿，一些媒体存在唯点击率、唯收视率的现象，一些公共文化设施重建设、轻服务，重形式不重效果，老百姓的文化获得感还不强。比如，存在单纯任务观点，一些工作仅仅满足于做了、完成了，考虑的更多的是“不出事”，越往基层越是当成完成任务，工作效果是层层递减。

审视形式主义、官僚主义问题，必须提到讲政治的高度。形式主义、官僚主义是目前党内存在的突出矛盾和问题，是阻碍党的路线方针政策和党中央重大决策部署贯彻落实的“拦路虎”“绊脚石”。必须深刻认识，形式主义、官僚主义是表象，不讲政治才是根本。要把力戒形式主义、官僚主义作为必须坚决履行的政治责任，以实际行动确保中央政令畅通、令行禁止，才是真正践行“两个维护”，才能诠释对党和人民的忠诚。要始终保持对形式主义、官僚主义的高度警觉，坚持马克思主义认识论方法论，坚持党的思想路线，坚决反对主观主义、经验主义，筑牢力戒形式主义、官僚主义的思想防线。

宣传工作本质上是做人的工作，人心就是最大的政治，要树立适应时代发展进步的工作理念，让党的理论与群众的心声有效链接，把工作做到群众心坎上，争取人心、凝聚人心，最大限度地把不同阶层、不同人群团结在党的周围。要注重解决问题。问题是群众的呼声，是做好工作的第一信号。始终坚持问题导向，聚焦不接地气的难点问题、基层反映较多的突出问题、群众困惑的思想问题，抓住关键部位对症下药、靶向治疗，奔着问题去、追着问题走、揪着问题改，在解决问题中凝聚民心、汇聚力量。要注重用户体验。始终站稳群众立场，从用户的视角提供服务，针对不同群体分层分类、精准施策，突出平等交流、互动传播、即时传播，注重表达的感性化、个性化、平民化，真正“把话说到、把理说透、把疑解开、把事做实”，拉近与群众的距离，最大限度地直抵人心、形成共识。

一分部署、九分落实。抓落实既是一项基本功，也是出成果、见成效的关键环节。再好的政策规划，不去落实，就是“一纸空文”；再好的思路决策，不去执行，就是“坐而论道”；再好的创意策划，没有行动，也是“空中楼阁”。要精耕细作抓落实。宣传思想文化工作是一项“精细活”，理论宣讲、舆论引导、道德建设、文明创建、文化服务等来不得半点糊弄，照搬照抄、上下一般粗不行，粗糙粗放、眉毛胡子一把抓不行。要主动适应工作对象、社会组织形式变化带来的新问题，积极应对思想观念转变、经济社会转型带来的新挑战，认真研究互联网、微时代、大数据带来的新课题，创新工作理念、话语表达方式、方法手段和体制机制，力求更生动、更鲜活，更加符合人们接受习惯，更接地气、受欢迎。

第三节　牢牢掌握意识形态工作领导权

办好中国的事，关键在党。宣传工作面临的形势越复杂，任务越繁重，越要加强党的领导。宣传工作，事关旗帜和道路，事关党和国家的前途命运。加强党对宣传工作的全面领导，要以政治建设为统领，牢固树立“四个意识”，坚决维护习近平总书记的核心地位，坚决维护党中央权威和集中统一领导，牢牢把握正确政治方向。宣传工作一旦脱离正确的政治方向，就不能确保宣传工作的正确方向和道路，就不能发挥宣传工作为党和国家的事业凝聚力量、汇聚思想、指导示范的作用，还会造成更为严重的破坏性影响。新形势下，宣传工作坚持正确的政治方向就是要高举马克思主义、中国特色社会主义旗帜，坚持不懈用习近平新时代中国特色社会主义思想武装全党、教育人民、推动工作，在学懂弄通做实上下功夫，推动当代中国马克思主义、二十一世纪马克思主义深入人心、落地生根。宣传思想战线要高举党的旗帜，自觉担负起新形势下宣传工作使命任务，建设具有强大凝聚力和引领力的社会主义意识形态，为国家立心，为民族立魂。

意识形态工作是党的一项极端重要的工作，关乎旗帜、关乎道路、关乎国家政治安全。2015 年 10 月，中共中央办公厅印发《党委（党组）意识形态工作责任制实施办法》，对意识形态工作责任制做出了明确的制度安排，为各级党委抓意识形态工作提供了重要遵循。2020 年 6 月，中共中央办公厅印发新修订的《党委（党组）意识形态工作责任制实施办法》，各级党委（党组）要根据党中央最新要求，不断深化对责任制的认识，不打折扣地落实好这一制度安排，坚决做到守土有责、守土负责、守土尽责。

习近平总书记指出，要加强党对宣传思想工作的全面领导，旗帜鲜明坚持党管宣传、党管意识形态。重视意识形态工作，是我们党的优良传统，也是革命、建设和改革事业不断取得胜利的宝贵经验。意识形态工作关乎社会主义旗帜、中国特色社会主义道路以及国家的安全命运，必须牢牢掌握意识形态工作领导权。这是我们党基于历史启示与现实经验，基于自身与国家前途命运的考量提出的重大时代课题。[6]当前，中国特色社会主义进入了新时代，我们的发展呈现出许多新的历史特点，随着我们日益走近世界舞台中央，意识形态领域斗争将会更加白热化，网络已成为当前意识形态斗争的最前沿，我们要把维护网络意识形态安全作为守土尽责的重要使命，坚持管用防并举，坚决打赢网络意识形态斗争，让意识形态成为中华民族伟大复兴的强大助推力量。

新时代做好意识形态工作，必须坚持和加强党对意识形态工作的全面领导，把意识形态工作领导权牢牢抓在手里，更好巩固和发展主流意识形态，不断增强意识形态领域主导权和话语权，不断坚定广大干部群众的道路自信、理论自信、制度自信、文化自信，不断提升党、国家和民族的凝聚力、向心力。

1. **牢牢把握意识形态工作正确方向**。建设社会主义意识形态，立场方向至关重要。如果立场动摇了、方向走偏了，那就会出大问题。要始终绷紧政治这根弦，牢固树立政治意识、大局意识、核心意识、看齐意识，在政治立场、政治方向、政治原则、政治道路上同以

6 《加强党对宣传思想工作的全面领导》，《光明日报》2018 年 9 月 3 日 03 版。

习近平同志为核心的党中央保持高度一致，以实际行动维护好习近平总书记核心地位、维护好党中央权威和集中统一领导。无论是广播电视、新闻出版单位，还是社科理论、文化艺术单位，无论是传统媒体还是新兴媒体，都要自觉置于党的领导之下，自觉用一把尺子量到底，传播好党的声音和主张，决不允许有“法外之地”和“舆论飞地”。

2. **坚持不懈用习近平新时代中国特色社会主义思想武装全党**。掌握意识形态工作领导权，最重要的就在于加强理论武装，推动习近平新时代中国特色社会主义思想深入人心。要按照学懂弄通做实的要求，坚持读原著、学原文、悟原理，深入系统学、及时跟进学，做到学思用贯通、知信行统一。统筹理论学习、宣传、研究工作，深入研究宣传阐释习近平新时代中国特色社会主义思想的时代背景、历史地位、科学体系、丰富内涵、精神实质，不断深化对这一思想的理论品格、思想脉络、实践价值的认识，坚持不懈用习近平新时代中国特色社会主义思想武装干部群众头脑，做到进企业、进学校、进机关、进农村、进社区、进军营、进网络，真正用以指引全党全国各族人民不断前进。

3. **大力推动传播手段建设和创新**。随着国内外形势的深刻变化和现代信息技术的迅猛发展，做好意识形态工作，比以往任何时候都更加需要创新。要重点抓好理念创新、手段创新、方式方法创新，积极探索有利于破解工作难题的新举措新办法，充分运用新技术新应用创新媒体传播方式，占领信息传播制高点。要坚持正确舆论导向，适应新形势下传播形态、传播格局的深刻变革，推进传统媒体和新兴媒体深度融合，建好县级融媒体中心，提高新闻舆论传播力、引导力、影响力、公信力。创新对外话语表达方式，研究国外不同受众的习惯和特点，采用融通中外的概念、范畴、表述，把我们想讲的和国外受众想听的结合起来，把“陈情”和“说理”结合起来，把“自己讲”和“别人讲”结合起来，使中国故事更多为国际社会和海外受众所认同。

4. **严格落实意识形态工作责任制**。做好意识形态工作，必须坚持全党动手。要压紧压实做好意识形态工作的政治责任、领导责任，全面落实意识形态工作责任制。要加强阵地建设和管理，认真贯彻主管主办和属地管理原则，切实做到守土有责、守土负责、守土尽责，使各类意识形态阵地始终成为传播先进思想文化的坚强阵地，决不给错误思想观点提供传播渠道。当前，思想舆论领域存在红色、黑色、灰色“三个地带”。红色地带是我们的主阵地，一定要守住，决不能丢了；黑色地带主要是负面的东西，要坚决管控，大大压缩其地盘，逐步推动其改变颜色；灰色地带要大张旗鼓争取，加快使其转化为红色地带，防止其向黑色地带蜕变。要发扬斗争精神，始终站在意识形态斗争第一线，敢抓敢管、敢于亮剑，与否定党的领导、否定中国特色社会主义制度等错误言行作不懈斗争。意识形态领域敏感度高、关注度高，在管理和引导上要注意把握好时度效，掌握好时机、节奏、力度和范围，讲究方式方法。要正确区分和处理政治原则问题、思想认识问题、学术观点问题，无论处理什么问题，都要有利于坚持和加强党的领导，有利于凝聚党心民心，有利于促进改革发展稳定。

第二讲

从正本清源到守正创新

党的十八大以来，以习近平同志为核心的党中央励精图治、革故鼎新，带领全党全国各族人民攻坚克难、砥砺奋进，引领中国特色社会主义迈进了新时代。在建功新时代的伟大征程中，党中央把宣传工作摆在全局工作的重要位置，作出一系列重大决策，实施一系列重大举措，不断开创宣传工作新局面。经过多年来的努力，宣传战线正本清源的任务取得重大成效，并进入了守正创新的重要阶段。在新的起点上，我们既要保持战略定力，坚持好经验；又要勇于开拓创新，找到新办法，才能乘势而上，推动宣传工作不断强起来。

第一节　把宣传工作摆在全局工作的重要位置

宣传工作是党的一项极端重要的工作，是坚持党的政治路线、加强党的政治建设、加强党的思想政治领导、巩固党的群众基础和执政基础的重要方式，是为实现党的主张和奋斗目标，动员组织党员、干部和群众所进行的理论武装、舆论引导、思想教育、文化建设、文明培育等工作和活动。作为党的一项极端重要的工作，宣传工作必须坚持以马克思列宁主义、毛泽东思想、邓小平理论、“三个代表”重要思想、科学发展观、习近平新时代中国特色社会主义思想为指导，牢固树立政治意识、大局意识、核心意识、看齐意识，坚定中国特色社会主义道路自信、理论自信、制度自信、文化自信，坚决维护习近平总书记党中央的核心、全党的核心地位，坚决维护党中央权威和集中统一领导，担当举旗帜、聚民心、育新人、兴文化、展形象的使命任务，促进全体人民在理想信念、价值理念、道德观念上紧紧团结在一起，为夺取新时代中国特色社会主义伟大胜利、实现中华民族伟大复兴的中国梦提供思想保证、舆论支持、精神动力和文化条件。[1]

宣传工作的根本任务，就是高举中国特色社会主义伟大旗帜，巩

1 《全面提升新时代宣传工作的科学化规范化制度化水平》，《人民日报》2019 年 09 月 01 日。

固马克思主义在意识形态领域的指导地位，巩固全党全国人民团结奋斗的共同思想基础，建设具有强大凝聚力和引领力的社会主义意识形态，建设具有强大生命力和创造力的社会主义精神文明，建设具有强大感召力和影响力的中华文化软实力。这个根本任务，体现了宣传工作的方向、目标和重点着力点的有机统一。建设具有强大凝聚力和引领力的社会主义意识形态，是新时代坚持和发展中国特色社会主义的一个重大命题。意识形态是思想上层建筑的核心部分，起着保证社会团结统一的“水泥作用”和引领社会发展进步的“旗帜作用”。推进意识形态建设，就是要始终坚持社会主义的性质属性，为国家立心、为民族立魂，确保红旗永不落地、政权永不变色。建设具有强大生命力和创造力的社会主义精神文明，是中国特色社会主义事业的重要特征和重要内容。推进精神文明建设，就是着眼于保证物质文明建设和经济社会发展始终坚持社会主义的方向，坚持正确的价值取向，润物无声、久久为功，着力培养时代新人、弘扬时代新风。建设具有强大感召力和影响力的中华文化软实力，体现了中国日益走近世界舞台中央、适应和引领百年未有之大变局的高度自觉。推进文化软实力建设，就是要以文化自信为本，大力发展中国特色社会主义文化，在与世界文化交流交融交锋中展现中华文化独特魅力，占据道义制高点、增强国际话语权。这“三个建设”，既各有侧重、又内在统一，社会主义意识形态是内核性的，管方向、管根本，起着“稳定器”和“黏合剂”的作用；社会主义精神文明体现在人的精神面貌、社会的文明风尚，是气象万千的正能量；中华文化软实力以前两者为基础，体现的是一个国家和民族的精神独立性、文化主体性，构成了综合国力的重要方面。

党的十八大以来，习近平总书记高度重视宣传工作，发表了一系列重要讲话，深刻阐明了宣传工作引领社会、凝聚人心、推动发展的强大支撑作用，指出了宣传工作对党、对国家、对民族的根本性、战略性、全局性意义。

在2013年8月19日召开的全国宣传思想工作会议上，习近平总书记指出，我们正处于中华民族伟大复兴的关键节点，正在进行具有许多新的历史特点的伟大斗争，面临的挑战和困难前所未有，宣传思想工作必须坚持团结稳定鼓劲、正面宣传为主的重要方针，坚持巩固壮大主流思想舆论，弘扬主旋律，传播正能量，激发全社会团结奋进的强大力量。做好新时代宣传思想工作的关键是要提高工作质量和水平，把握好时度效，增强吸引力和感染力，让群众爱听爱看、产生共鸣，充分发挥正面宣传鼓舞人、激励人的作用。在事关大是大非和政治原则问题上，必须增强主动性、掌握主动权、打好主动仗，帮助干部群众划清是非界限、澄清模糊认识。为此，宣传思想工作必须要树立以人民为中心的工作导向，把服务群众同教育引导群众结合起来，把满足需求同提高素养结合起来，多宣传报道人民群众的伟大奋斗和火热生活，多宣传报道人民群众中涌现出来的先进典型和感人事迹，丰富人民精神世界，增强人民精神力量，满足人民精神需求。[2]

在2014年10月15日召开的文艺工作座谈会上，习近平总书记强调，文艺事业是党和人民的重要事业，文艺战线是党和人民的重要战线。长期以来，广大文艺工作者致力于文艺创作、表演、研究、传播，

2 《习近平在全国宣传思想工作会议上强调 胸怀大局把握大势着眼大事 努力把宣传思想工作做得更好》，《人民日报》2013年8月21日。

在各自领域辛勤耕耘、服务人民，取得了显著成绩，作出了重要贡献。推动文艺繁荣发展，最根本的是要创作生产出无愧于我们这个伟大民族、伟大时代的优秀作品。文艺工作者应该牢记，创作是自己的中心任务，作品是自己的立身之本，要静下心来、精益求精搞创作，把最好的精神食粮奉献给人民。必须把创作生产优秀作品作为文艺工作的中心环节，努力创作生产更多传播当代中国价值观念、体现中华文化精神、反映中国人审美追求，思想性、艺术性、观赏性有机统一的优秀作品。[3]

在 2016 年 2 月 19 日召开的党的新闻舆论工作座谈会上，习近平总书记强调，党的新闻舆论工作是党的一项重要工作，是治国理政、定国安邦的大事，要适应国内外形势发展，从党的工作全局出发把握定位，坚持党的领导，坚持正确政治方向，坚持以人民为中心的工作导向，尊重新闻传播规律，创新方法手段，切实提高党的新闻舆论传播力、引导力、影响力、公信力。做好党的新闻舆论工作，事关旗帜和道路，事关贯彻落实党的理论和路线方针政策，事关顺利推进党和国家各项事业，事关全党全国各族人民凝聚力和向心力，事关党和国家前途命运。必须从党的工作全局出发把握党的新闻舆论工作，做到思想上高度重视、工作上精准有力。[4]

在 2016 年 4 月 19 日召开的网络安全和信息化工作座谈会上，习近平总书记指出，互联网是一个社会信息大平台，亿万网民在上面

3　习近平：《在文艺工作座谈会上的讲话》，《人民日报 》2015 年 10 月 15 日。

4　《习近平在党的新闻舆论工作座谈会上强调 坚持正确方向创新方法手段 提高新闻舆论传播力引导力》，《人民日报》2016 年 02 月 20 日。

获得信息、交流信息，这会对他们的求知途径、思维方式、价值观念产生重要影响，特别是会对他们对国家、对社会、对工作、对人生的看法产生重要影响。实现“两个一百年”奋斗目标，需要全社会方方面面同心干，需要全国各族人民心往一处想、劲往一处使。如果一个社会没有共同理想，没有共同目标，没有共同价值观，整天乱哄哄的，那就什么事也办不成。我国有 13 亿多人，如果弄成那样一个局面，就不符合人民利益，也不符合国家利益。凝聚共识工作不容易做，大家要共同努力。为了实现我们的目标，网上网下要形成同心圆。什么是同心圆？就是在党的领导下，动员全国各族人民，调动各方面积极性，共同为实现中华民族伟大复兴的中国梦而奋斗。[5]

在 2016 年 5 月 17 日召开的哲学社会科学工作座谈会上，习近平总书记强调，一个没有发达的自然科学的国家不可能走在世界前列，一个没有繁荣的哲学社会科学的国家也不可能走在世界前列。坚持和发展中国特色社会主义，哲学社会科学具有不可替代的重要地位，哲学社会科学工作者具有不可替代的重要作用。坚持和发展中国特色社会主义，必须高度重视哲学社会科学，结合中国特色社会主义伟大实践，加快构建中国特色哲学社会科学。[6]

在 2018 年 4 月 20 日召开的全国网络安全和信息化工作会议上，习近平总书记指出，要提高网络综合治理能力，形成党委领导、政府

5 《习近平主持召开网络安全和信息化工作座谈会强调 在践行新发展理念上先行一步 让互联网更好造福国家和人民》，《人民日报》2016 年 04 月 20 日。

6 《习近平主持召开哲学社会科学工作座谈会强调 结合中国特色社会主义伟大实践 加快构建中国特色哲学社会科学》，《人民日报》2016 年 05 月 18 日。

管理、企业履责、社会监督、网民自律等多主体参与，经济、法律、技术等多种手段相结合的综合治网格局。要加强网上正面宣传，旗帜鲜明坚持正确政治方向、舆论导向、价值取向，用新时代中国特色社会主义思想和党的十九大精神团结、凝聚亿万网民，深入开展理想信念教育，深化新时代中国特色社会主义和中国梦宣传教育，积极培育和践行社会主义核心价值观，推进网上宣传理念、内容、形式、方法、手段等创新，把握好时度效，构建网上网下同心圆，更好凝聚社会共识，巩固全党全国人民团结奋斗的共同思想基础。要压实互联网企业的主体责任，决不能让互联网成为传播有害信息、造谣生事的平台。要加强互联网行业自律，调动网民积极性，动员各方面力量参与治理。[7]

在 2018 年 8 月 21 日召开的全国宣传思想工作会议上，习近平总书记指出，完成新形势下宣传思想工作的使命任务，必须以新时代中国特色社会主义思想和党的十九大精神为指导，增强“四个意识”、坚定“四个自信”，自觉承担起举旗帜、聚民心、育新人、兴文化、展形象的使命任务，坚持正确政治方向，在基础性、战略性工作上下功夫，在关键处、要害处下功夫，在工作质量和水平上下功夫，推动宣传思想工作不断强起来，促进全体人民在理想信念、价值理念、道德观念上紧紧团结在一起，为服务党和国家事业全局作出更大贡献。[8]

在 2019 年 3 月 4 日参加全国政协十三届二次会议文化艺术界、

---

7 《习近平在全国网络安全和信息化工作会议上强调 敏锐抓住信息化发展历史机遇 自主创新推进网络强国建设》，《人民日报》2018 年 04 月 22 日。

8 《习近平在全国宣传思想工作会议上强调 举旗帜聚民心育新人兴文化展形象 更好完成新形势下宣传思想工作使命任务》，《人民日报》2018 年 08 月 23 日。

社会科学界委员联组会时，习近平总书记指出，正本清源、守正创新，一个国家、一个民族不能没有灵魂，作为精神事业，文化文艺、哲学社会科学当然就是一个灵魂的创作，一是不能没有，一是不能混乱。做好新形势下文化文艺工作、哲学社会科学工作，需要坚持与时代同步伐、坚持以人民为中心、坚持以精品奉献人民、坚持用明德引领风尚。[9]

在2020年9月22日举行的教育文化卫生体育领域专家代表座谈会上，习近平总书记指出，中国特色社会主义是全面发展、全面进步的伟大事业，没有社会主义文化繁荣发展，就没有社会主义现代化。统筹推进“五位一体”总体布局、协调推进“四个全面”战略布局，文化是重要内容；推动高质量发展，文化是重要支点；满足人民日益增长的美好生活需要，文化是重要因素；战胜前进道路上各种风险挑战，文化是重要力量源泉。“十四五”时期，我们要把文化建设放在全局工作的突出位置，切实抓紧抓好。要坚持马克思主义在意识形态领域的指导地位，坚守中华文化立场，坚持以社会主义核心价值观引领文化建设，紧紧围绕举旗帜、聚民心、育新人、兴文化、展形象的使命任务，加强社会主义精神文明建设，繁荣发展文化事业和文化产业，不断提高国家文化软实力，增强中华文化影响力，发挥文化引领风尚、教育人民、服务社会、推动发展的作用。把文化建设摆在更加突出位置。要坚定文化自信，推动中华优秀传统文化创造性转化、创新性发展，继承革命文化，发展社会主义先进文化，不断铸就中华文

9 习近平：《一个国家、一个民族不能没有灵魂》，《求是》2019年第8期。

化新辉煌，建设社会主义文化强国。[10]

2021年2月20日，习近平总书记在党史学习教育动员大会上讲话指出，全面宣传党的历史，充分发挥党的历史以史鉴今、资政育人的作用，是党和国家工作大局中一项十分重要的工作。要在全社会广泛开展党史、新中国史、改革开放史、社会主义发展史宣传教育，普及党史知识，推动党史学习教育深入群众、深入基层、深入人心。要鼓励创作党史题材的文艺作品特别是影视作品，精心组织党史主题出版物的出版发行，发挥互联网在党史宣传中的重要作用。要抓好青少年学习教育，着力讲好党的故事、革命的故事、英雄的故事，厚植爱党、爱国、爱社会主义的情感，让红色基因、革命薪火代代传承。[11]

2021年11月11日，党的十九届六中全会通过的《中共中央关于党的百年奋斗重大成就和历史经验的决议》指出，党的十八大以来，我国意识形态领域形势发生全局性、根本性转变，全党全国各族人民文化自信明显增强，全社会凝聚力和向心力极大提升，为新时代开创党和国家事业新局面提供了坚强思想保证和强大精神力量。[12] 中央文献出版社2020年出版的习近平《论党的宣传思想工作》一书，收录了习近平总书记论述党的宣传工作的重要文稿52篇，是新形势下加强党的宣传工作的一部纲领性文献，对于我们深入学习贯彻习近平新时代中国特色社会主义思想，推动宣传工作更好地履行好“围绕中心、

10 习近平：《在教育文化卫生体育领域专家代表座谈会上的讲话》，《人民日报》2020年09月23日。

11 习近平：《在党史学习教育动员大会上的讲话》，《求是》2021年第7期。

12《中共中央关于党的百年奋斗重大成就和历史经验的决议》，《人民日报》2021年11月17日。

服务大局”的基本职责，努力打造一支“政治过硬、本领高强、求实创新、能打胜仗”的宣传工作队伍，守正创新做好新时代宣传工作，具有十分重要的意义。

2022年10月16日，习近平总书记在中国共产党第二十次全国代表大会上的报告，把“我们确立和坚持马克思主义在意识形态领域指导地位的根本制度，新时代党的创新理论深入人心，社会主义核心价值观广泛传播，中华优秀传统文化得到创造性转化、创新性发展，文化事业日益繁荣，网络生态持续向好，意识形态领域形势发生全局性、根本性转变”，作为过去五年的工作和新时代十年的伟大变革的重要组成部分，强调全面建设社会主义现代化国家，必须坚持中国特色社会主义文化发展道路，增强文化自信，围绕举旗帜、聚民心、育新人、兴文化、展形象建设社会主义文化强国，发展面向现代化、面向世界、面向未来的，民族的科学的大众的社会主义文化，激发全民族文化创新创造活力，增强实现中华民族伟大复兴的精神力量。[13]习近平总书记所作的报告，深刻把握文化建设规律和文化在新时代新征程中的地位作用，对建设社会主义文化强国作出了战略部署，为我们不断推进文化自信自强、铸就社会主义文化新辉煌、增强实现中华民族伟大复兴的精神力量提供了根本遵循。[14]

通过这一系列重要讲话，习近平总书记对新时代宣传工作的各个

13 习近平：《高举中国特色社会主义伟大旗帜 为全面建设社会主义现代化国家而团结奋斗——在中国共产党第二十次全国代表大会上的报告》，《人民日报》2022年10月26日。

14 李书磊:《增强实现中华民族伟大复兴的精神力量》,《人民日报》2022年11月10日。

领域、各个方面、各个环节都提出了明确要求，作出了重要指示，为我们做好新形势下宣传工作提供了根本遵循。这些重要讲话中所蕴含的重要思想，本身就是习近平新时代中国特色社会主义思想的重要组成部分，是我们做好新时代宣传工作的根本遵循和行动纲领。习近平总书记关于宣传工作的重要思想，深化了我们党对宣传工作规律性、前瞻性、战略性的认识，是习近平新时代中国特色社会主义思想的重要内容，是推进新时代宣传事业的顶层设计，也是谋划新形势下宣传工作的根本遵循，标志着我们党对宣传工作的认识达到了一个新的历史高度。

第二节　推动宣传工作取得历史性成就

党的十八大以来，宣传领域最具标志性的成果，就是从根本上扭转了意识形态领域一度出现的被动局面，使我国意识形态领域形势发生了开创性、长远性、全局性、根本性的转变。具体体现在，我们有效扭转了一些宣传思想阵地党的领导一度被忽视、淡化、削弱的状况，有效扭转了主流思想主导地位遭受侵袭的状况，有效扭转了被动应付、反击不力的状况，有效扭转了网上乱象丛生的状况。随着我国全面深化改革的纵深推进，社会格局深刻变革，社会热点不断显现，意识形态领域各种思想观念交锋交融、激荡变革，呈现出多元多样、纷繁多变的复杂态势。这种背景下，建设具有强大凝聚力和引领力的社会主义意识形态，促进全体人民在思想上、精神上紧紧团结在一起的工作任务异常艰巨繁重。

1. **把"围绕中心、服务大局"作为宣传工作的基本职责**。经济建设是党的中心工作，意识形态工作是党的一项极端重要的工作。经济建设为党的执政提供坚实的物质基础，而意识形态工作为党的执政提供牢固的精神基础。只有两个基础都坚实牢固，我们党的长期执政目标才能得以实现。宣传工作必须聚焦"围绕中心、服务大局"基本职责，助力推动经济建设中心工作，为党和国家发展大局提供思想保证、舆论支持、精神动力和文化条件。

2. **把"两个巩固"作为宣传思想工作的根本任务**。宣传工作的根本任务是，巩固马克思主义在意识形态领域的指导地位，巩固全党全国人民团结奋斗的共同思想基础。要实现这"两个巩固"的根本任务，必须要教育引导全体党员干部把系统掌握马克思主义基本理论作为看家本领和必修课，学会运用马克思主义立场、观点、方法观察和解决问题，促进全体人民在理想信念、价值理念、道德观念上紧紧团结在一起。

3. **把"团结稳定鼓劲、正面宣传为主"作为宣传工作的重要方针**。宣传工作必须坚持团结稳定鼓劲、正面宣传为主的重要方针，发挥提振士气、坚定信心的作用。当前，世界百年未有之大变局加速演进，中华民族伟大复兴进入关键时期，我们面临着更加激烈的困难斗争、更加艰巨的风险挑战。两军相斗勇者胜，宣传工作的目标就是帮助广大人民振奋精神、鼓舞斗志，赢得伟大斗争的最终胜利。

4、**把"党性和人民性相统一"作为宣传思想工作的根本原则**。宣传工作必须坚持党性和人民性相统一的根本原则，树立以人民为中心的工作导向。党性和人民性从来都是一致的、统一的。坚持党性，就是坚持正确政治方向，站稳政治立场，始终与党同心同德、同行同向。

坚持人民性，就是要把实现好、维护好、发展好最广大人民根本利益作为出发点和落脚点，坚持以民为本、人民至上。

党的十九大之后，宣传战线在以习近平同志为核心的党中央的正确领导下，奋发有为、开拓创新，宣传工作面貌焕然一新。对此，习近平总书记指出，经过多年来的努力，宣传思想战线正本清源的任务取得重大成效，现在进入了守正创新的重要阶段。这是对新形势下宣传工作所处历史方位的科学判断和精辟概括。[15] 在这个新方位、新起点上，要完成新形势下宣传工作的使命任务，必须坚持正确政治方向，推动宣传工作不断实起来、强起来，为服务党和国家事业全局作出更大贡献。

1. **把“九个坚持”作为宣传工作的根本遵循**。在 2018 年 8 月 21 日召开的全国宣传思想工作会议上，习近平总书记全面回顾党的十八大以来宣传思想工作的历史性成就和历史性变革，系统总结了实践中所孕育的理论创新，将其概括为“九个坚持”，并将其作为宣传思想工作的根本遵循。这“九个坚持”，是做好新时代宣传思想工作的根本遵循，必须长期坚持、不断发展。

2. **把“统一思想、凝聚力量”作为宣传工作的中心环节**。欲求国家统一，必先实现思想统一；欲求民族团结，必先实现精神团结。我们党要团结带领人民实现中华民族伟大复兴的奋斗目标，需要全体人民同心同德、团结奋斗，必须把统一思想、凝聚力量作为宣传工作的中心环节。

15《习近平在全国宣传思想工作会议上强调 举旗帜聚民心育新人兴文化展形象 更好完成新形势下宣传思想工作使命任务》，《人民日报》2018 年 08 月 23 日。

3. **把“举旗帜、聚民心、育新人、兴文化、展形象”作为宣传工作的使命任务**。举旗帜，就是要以党的旗帜为旗帜、以党的方向为方向，举旗定向、领航中国。在当下，就是推动习近平新时代中国特色社会主义思想深入人心、落地生根，用其武装全党、教育人民、推动工作。聚民心，就是要通过正确的舆论更好地凝聚人民、服务人民、引导人民。民心向背是我们党的最大政治，离开人民支持，我们党就会丧失执政基础，必须要更好地凝心聚力、培根铸魂。育新人，就是要坚持立德树人、以文化人，在青少年中不断加强爱国主义教育和思想道德教育，以担当民族复兴大任为己任，培养一批又一批社会主义建设者和合格接班人。兴文化，就是充分发挥文化的价值涵养和道德滋养作用，坚持不懈用中华优秀传统文化、革命文化、社会主义先进文化来涵养民众、滋养人心，提高中华民族的道德修养和文明素养。展形象，就是向世界展现一个真实、立体、全面的中国形象，通过讲好中国故事、传播好中国声音，来提高国家文化软实力和中华文化影响力。[16]这五大使命任务，是新时代宣传工作的使命任务，也是党中央给宣传战线的职责要求，每一名宣传战线成员，都要自觉肩负起这个艰巨的使命任务。

4. **把增强“四力”作为改进宣传工作的重要抓手**。增强“四力”是指增强“脚力、眼力、脑力、笔力”，这是新形势下党中央对宣传战线能力素质的基本要求。[17]宣传工作是专业性很强的工作，无论是理论舆论工作，还是文化文艺工作，都需要一定的政治意识、理论素养、

16 习近平：《论党的宣传思想工作》，中央文献出版社 2020 年版，第 339 页。

17 人民日报评论员：《增强“四力”打造过硬队伍》，《人民日报》2018 年 09 月 04 日。

专业精神、创新意识才能把工作干出彩。为此，宣传战线必须提高素质能力，增强本领水平，加强调查研究，努力把自己培养成“政治过硬、本领高强、求实创新、能打胜仗”新时代宣传工作者。

第三节　深刻把握守正创新的实践要求

守正创新做好新时代宣传工作，要着力在“守正”和“创新”上下功夫。在“守正”和“创新”的关系上，“守正”是基础，坚持“守正”，“创新”才能有明确的立场和指向；“创新”是关键，不断“创新”，“守正”才能获得活力源泉和动力根基。守正不渝，创新不止。要努力在“守正”中“创新”，坚持在“创新”中“守正”，推动宣传工作不断强起来，以新的气象、新的作为，创造新的业绩。在新的历史起点上做好新时代宣传工作，必须要以习近平新时代中国特色社会主义思想为指导，深刻把握“守正创新”的逻辑内涵和实践要求，把好“六个守正”，做到“六个创新”。

一、守思想旗帜之正，创行稳致远之新

习近平新时代中国特色社会主义思想是立足中国实践、反映时代发展、映射真理伟力的当代中国马克思主义，是马克思主义中国化的最新成果，是党的创新理论的集中体现，是统揽推进“四个伟大”、实现民族复兴伟业的思想之旗、精神之旗和行动之旗。学习好、宣传好、贯彻好习近平新时代中国特色社会主义思想，并以其武装全党、教育人民，是宣传思想战线的头等大事和首要政治任务。党的十八大

以来，党和国家事业之所以取得日新月异的发展，宣传工作之所以发生了根本性变革、取得了历史性成就，一个最根本的原因就是始终坚持以习近平新时代中国特色社会主义思想为指导。在以习近平同志为核心的党中央掌舵领航下，我们已经完成了决胜脱贫攻坚、决胜全面建成小康社会的历史任务，正式开启了全面建设社会主义现代化国家的新征程。越是在重要节点和关键时刻，越要更加清醒地认识宣传工作在党和国家事业全局中的极端重要地位，更加自觉地承担起"举旗帜、聚民心、育新人、兴文化、展形象"的使命任务，更加坚定地发挥宣传工作的"统一思想、汇聚力量、凝聚共识"的重要作用。在奋进新时代、奋斗新征程的关键时期，面对新使命新任务新要求，更需要我们以习近平新时代中国特色社会主义思想为科学指南，在学懂弄通做实上下功夫、在学深悟透践行上下功夫、在消化深化转化上下功夫，学思践悟、融会贯通，提高马克思主义理论水平，掌握贯穿其中的马克思主义立场观点方法，切实把马克思主义作为改造世界、促进发展的看家本领。我们要继承发扬党的理论武装优良传统，高举思想旗帜，强化理论学习，持之以恒用习近平新时代中国特色社会主义思想武装头脑、指导实践，不断推动党的创新理论的学习宣传贯彻取得新进展、实现新提升，确保在习近平新时代中国特色社会主义思想的领航指引下，党和国家各项事业、宣传领域各项工作都打开新局面、取得新成就。

二、守政治方向之正，创夯基固本之新

旗帜鲜明讲政治是我们党的优良传统和政治优势，也是宣传工作的内在要求和本质体现。宣传工作是政治工作，宣传部门是政治机关，必须大事小情都要讲政治，把讲政治作为第一位要求、把忠诚可靠作

为第一位标准，把党管宣传、党管意识形态、党管媒体原则落到实处，让党的旗帜在宣传战线高高飘扬。讲政治不是抽象的，而是具体的，要体现在工作中、表现在行动上。在当前，讲政治就是要深刻领会“两个确立”的决定性意义，增强“四个意识”、坚定“四个自信”、做到“两个维护”，筑牢理想信念之基、补足信仰精神之钙、把稳政治方向之舵。宣传工作是党的一项极端重要工作，必须要从党和国家事业全局的高度来重视宣传工作，坚持系统观念，坚持战略思维、历史思维、辩证思维、创新思维、法治思维、底线思维能力，坚持用全面、整体、联系和发展的眼光来看待宣传工作，推动宣传工作更好地适应新时代、符合新要求、展现新形象、实现新作为，为经济社会高质量发展、全面建设社会主义现代化国家提供思想保证、舆论支持、精神动力和文化条件。

三、守人民立场之正，创凝心聚力之新

人民群众是我们党的力量源泉，人民立场是我们党的根本政治立场，群众路线是我们党的生命线和根本工作路线。党的二十大报告指出，江山就是人民，人民就是江山。中国共产党领导人民打江山、守江山，守的是人民的心。治国有常，利民为本。为民造福是立党为公、执政为民的本质要求。必须坚持在发展中保障和改善民生，鼓励共同奋斗创造美好生活，不断实现人民对美好生活的向往。[18] 每一名党员都必须时刻牢记：全心全意为人民服务是我们党的根本宗旨，为人民谋

18 习近平：《高举中国特色社会主义伟大旗帜 为全面建设社会主义现代化国家而团结奋斗——在中国共产党第二十次全国代表大会上的报告》，《人民日报》2022年10月26日。

幸福、为民族谋复兴是我们党的初心使命，人民对美好生活的向往是我们党的奋斗目标。宣传工作是党和人民群众联系的桥梁和纽带，必须牢固树立以人民为中心的政治取向、价值取向和工作取向，心系人民、讴歌人民，发扬敬业精神、恪守职业道德，勤奋工作、甘于奉献，做导向正确、作风优良的宣传工作者。民心是最大的政治，关注民生、体察民情、凝聚民心、激发民力是宣传工作政治属性的内在要求和本质体现。宣传工作必须紧紧围绕强信心、聚民心、暖人心、筑同心这一价值主线，不断巩固壮大主流思想舆论，弘扬主旋律、传播正能量，讴歌真善美、贬斥假恶丑，促进全体人民在理想信念、价值理念、道德观念上紧紧团结在一起，促进全体党员拧成一股绳、心往一处想、劲往一处使。面对全面建设社会主义现代化国家的目标任务，面对国内外复杂严峻的风险挑战，宣传工作必须坚持团结稳定鼓劲、正面宣传为主的基本方针，牢牢把握正确舆论导向，营造奋进奋斗、追梦筑梦的浓厚氛围，汇聚起万众一心推进改革攻坚、众志成城创造美好生活的磅礴力量。

四、守文化根脉之正，创成风化人之新

文化是民族的血脉，是人民的精神家园，是民族生存和发展的重要力量。没有中华文化的繁荣发展，就没有中国人民的沉着自信；没有中华文明的抚育滋养，就没有中华民族的繁衍生息；没有深浸骨髓的文化自信，就没有中华民族复兴伟业的传承奋进。对此，习近平总书记在 2020 年 9 月 22 日召开的教育文化卫生体育领域专家代表座谈会上专门指出，文化建设在社会主义现代化建设中发挥着至关重要的作用，是统筹推进“五位一体”总体布局、协调推进“四个全面”战略布局的重要内容，是推动经济社会高质量发展的重要支点，是满足

人民日益增长的美好生活需要的重要因素，是战胜前进道路上各种风险挑战的重要力量源泉。[19]在这个意义上，文化兴则国运兴，文化强则民族强，文化自信是更基础、更广泛、更深厚的自信，是更基本、更深沉、更持久的力量，为中华民族生生不息、发展壮大提供了丰厚滋养，对中华民族自立于世界民族之林起到了巨大作用。宣传战线必须要以对民族、对历史、对后人高度负责的精神，把文化传承发展作为义不容辞的责任，自觉承担起以文化人、以文育人、以文培元的使命任务，切实发挥文化文艺的启迪思想、陶冶情操、温润心灵的重要作用，在中华优秀传统文化中汲取文化自信的力量，在革命文化中传承红色基因，在社会主义先进文化中践行社会主义核心价值观，更好地用文化滋养民族生命力、激发民族创造力、铸造民族凝聚力，建设好、守护好中华民族的共同精神家园。

五、守主流价值之正，创立德铸魂之新

人民有信仰，民族有希望，国家有力量。社会主义核心价值观是中华民族精神的载体和支柱，是全社会价值评判的实践标准和行动向导，是巩固全党全国各族人民团结奋斗的共同思想基础，对于坚持中国道路、弘扬中国精神、凝聚中国力量具有重大意义，对于保持社会和谐稳定、维护国家长治久安、建设人民精神家园具有重要作用。人无魂不立，国无魂不强，民无魂不兴。一个国家要想富强、一个民族要想图强、一个个人要想自强，信念的坚持、价值的追求、精神的自

19 习近平：《在教育文化卫生体育领域专家代表座谈会上的讲话》，《人民日报》2020 年 09 月 23 日。

强是很重要的因素，是引领这个国家、这个民族，以及个人奋发有为、锐意进取的精神动力。进入新发展阶段、开启新建设征程后，满足人民对美好精神生活的向往、提振全体人民的精气神、培养担当民族复兴大任的时代新人，关键要把理想信念教育放在首位，持续深化中国特色社会主义和中国梦宣传教育，大力弘扬以爱国主义为核心的民族精神和以改革创新为核心的时代精神，牢固树立共产主义远大理想和中国特色社会主义共同理想，让理想信念之光永远闪耀在人们心头。

六、守纪律底线之正，创尽职履责之新

党的纪律是全党意志的体现，是党的各级组织和全体党员必须遵守的行为准则。党要管党、从严治党，纪律建设是治本之策。毛泽东同志讲："加强纪律性，革命无不胜。"[20] 邓小平同志讲："我们这么大一个国家，怎样才能团结起来、组织起来呢？一靠理想，二靠纪律。"[21]2015 年 6 月 11 日，习近平总书记在十八届中央政治局常委会议审议巡视工作条例修订稿时指出："依规治党，首先是把纪律和规矩立起来、严起来，执行起来。党的性质、宗旨都决定了纪严于法、纪在法前。要把党的纪律和规矩挺在前面，用纪律和规矩管住大多数，使所有党员干部严格执行党规党纪、模范遵守法律法规。"[22] 纪律严明，

20《毛泽东文集》第 5 卷，人民出版社 1999 年版，第 194 页。

21 邓小平：《一靠理想二靠纪律才能团结起来》（1985 年 3 月 7 日，在全国科技工作会议上即席讲话），《邓小平文选》（第 3 卷），人民出版社 1993 年版，第 110 页。

22《习近平关于严明党的纪律和规矩论述摘编》，中央文献出版社、中国方正出版社 2016 年版，第 60 页。

才能保证党的路线方针政策的贯彻执行，才能把我们党建设的更加坚强有力。纪律底线是对党员干部最基本的要求，是最基本的行为操守，是衡量党员干部是否合格、称职的下线指标。广大党员干部始终坚守做人底线、党员底线和从政底线，不越纪律红线，不碰法律高压线，筑牢思想防线，模范遵守领导干部廉洁自律各项规定，抵制人性“邪气”、激发党内“清气”、涵养社会“正气”，牢记人情里面有原则、交往之中有纪律、交际圈子有底线，在任何情况下都要顶得住歪风、经得起诱惑、管得住小节，在腐蚀与诱惑面前，保持定力、站稳脚跟、岿然不动。宣传战线必须牢固树立政治机关意识，严守党的政治纪律、思想纪律、组织纪律、群众纪律、工作纪律、生活纪律，严守党的宣传纪律，遵守党的宣传口径，全面落实意识形态工作责任制，知敬畏、存戒惧、守底线，习惯在受监督和约束的环境中工作生活。守正创新做好新时代宣传工作，必须政治过硬、本领高强，坚持底线思维，强化责任意识，勇于斗争、敢于斗争、善于斗争，当“战士”不当“绅士”，奔着矛盾问题去、向着风险挑战行，把使命任务放在心里，把职责担当扛在肩上，不断增强脚力、眼力、脑力、笔力，切实提高干事创业、履职尽责的本领能力。

第三讲

以“九个坚持”为根本遵循

党的十八大以来，面对世界百年未有之大变局、中华民族伟大复兴之战略全局，面对传播格局深刻变革、舆论生态重大变化，党中央对新时代宣传工作统筹全局、全面部署，宣传战线积极作为、开拓进取，宣传工作在继承中创新、开拓中发展，打开了崭新局面，创造了新鲜经验。“九个坚持”是对多年来宣传工作丰富实践、宝贵经验的深刻总结，是对新形势下如何做好宣传工作的科学回答，把我们对宣传工作的认识提升到新的高度，为宣传工作适应传播格局新变化、满足经济社会发展新需要提供了系统的认识论和方法论。

第一节　“九个坚持”的性质定位

一、“九个坚持”的性质

以“九个坚持”为根本遵循，就要深刻认识其性质定位和意义价值。在2018年全国宣传思想工作会议上，习近平总书记在回顾党的十八大以来宣传工作的历史性成就和历史性变革的基础上，不断深化对宣传工作的规律性认识，提出了一系列新思想新观点新论断，系统总结了实践中所孕育的理论创新，将其概括为“九个坚持”，并将其作为宣传工作的根本遵循，把我们对宣传工作的规律性认识提升到一个新高度。

“九个坚持”分别是：坚持党对意识形态工作的领导权，坚持思想工作“两个巩固”的根本任务，坚持用习近平新时代中国特色社会主义思想武装全党、教育人民，坚持培育和践行社会主义核心价值观，坚持文化自信是更基础、更广泛、更深厚的自信，是更基本、更深沉、更持久的力量，坚持提高新闻舆论传播力、引导力、影响力、公信力，坚持以人民为中心的创作导向，坚持营造风清气正的网络空间，坚持讲好中国故事、传播好中国声音。这“九个坚持”，阐明了宣传工作的地位作用、目标任务、职责使命、实践要求，回答了宣传工作方向性、全局性、战略性的重大问题，是做好宣传工作的根本遵循，必须长期坚持、不断发展。

我们党历来高度重视宣传工作，将宣传工作当作是党的工作的重要组成部分，与党的政治路线、思想路线、组织路线、群众路线交融共生。早在党的一大上，我们党就设立了从事宣传工作的专门机构，由李达同志担任负责人。这是我们党最早设立的两个工作部门之一，显示了我们党对宣传工作的重视。从对象上看，宣传工作是做人的工作，人作为社会活动的主体，是社会革命、社会建设、社会发展的决定性力量。有什么样的人，就有什么样的社会；有什么样的精神，就可以干什么样的事业。只有把人的工作做好了，在思想上正本清源、拨乱反正，凝聚共识、激发活力、汇聚力量，我们才能万众一心、众志成城，步调一致、行动一致，朝着党中央确定的目标和自己心中的远大理想奋勇迈进。从党的历史上看，中国革命、建设和改革之所以能够赢得胜利，一个很重要的因素就是党的卓有成效的宣传工作。

宣传工作为党的事业发展提供了强有力的思想保证、舆论支持、精神动力和文化支撑。在中国特色社会主义发展到新时代后，更需要党的宣传工作高扬思想旗帜，坚定理想信念，以科学的理论武装人、以正确的舆论引导人、以高尚的精神塑造人、以优秀的作品鼓舞人，把全党全国人民紧密团结在以习近平同志为核心的党中央周围，把党的意志主张变成亿万群众的自觉行动，汇聚成团结奋进、攻坚克难的磅礴力量，只有这样，党中央确立的中国特色社会主义现代化建设宏伟蓝图才能如期实现。

现代社会思想活跃，思潮涌动，宣传工作纷繁复杂，千头万绪。要做好党的宣传工作，需要及时全面系统地总结经验，由局部认识发展到整体认识，由感性认识上升到理性认识，形成理论自觉，透过现象看本质，用规律性的认识指导实践、推动工作。要使宣传工作自觉承担其使命任务，贴近实际、贴近生活、贴近群众，体现时代性、富于创造性，基本的前提就是要把握规律性。只有把握住了规律，抓住了问题的关键和根本，做到有的放矢、切中时弊，反映人民心声，才能春风化雨、润物无声，入脑入心、落地生根。宣传工作的理念思路、方式手段、体制机制等创新，只有建立在对规律的认识、把握和遵循的基础上，才能发挥其应有的作用。[1]

进入新时代之后，党和国家各项事业取得全方位、开创性成就，发生深层次、根本性变革。在这个大背景下，作为党的一项极端重要的工作，宣传工作也取得了历史性成就、发生了历史性变革。这就需要我们站在新时代党和国家事业发展全局的高度，概括总结宣传工作的成就和经验，特别是在实践中形成的规律性认识。正是在这个背景下，习近平总书记提出“九个坚持”的重要思想，这是我们党对宣传工作认识的发展和升华，是党的宣传工作需要牢牢把握的基本遵循，需要在实践中长期坚持、不断发展。

二、“九个坚持”的意义

“九个坚持”的重要思想，具有很强的战略指导性和现实针对性，既是理论指导，更是行动指南，具有时代、理论、实践的多重意义。

1. **时代意义。**“九个坚持”立足中国特色社会主义进入新时代这个我国发展新的历史方位，着眼实现新时代党的历史使命，充分吸纳党的重大理论创新成果，明确提出要坚持用习近平新时代中国特色社会主义思想武装全党、教育人民，明确提出要把坚定“四个自信”作为建设社会主义意识形态的关键，坚持更基础、更广泛、更深厚的文化自信，坚信更基本、更深沉、更持久的文化力量，聚焦信息时代发展规律，明确提出要坚持营造风清气正的网络空间。这些新思想新观

---

1 汪亭友：《深刻认识“九个坚持”的重大意义科学内涵和精神实质》，《天津日报》2018 年 9 月 11 日。

点与新时代新要求同频共振，具有鲜明的时代气息。

2. **理论意义**。“九个坚持”高度凝结了党的十八大以来宣传工作取得历史性成就和历史性变革的基本经验，深刻总结了宣传工作在实践和理论上的规律性成果，体现了党在宣传工作认识上的又一次飞跃。“九个坚持”是习近平新时代中国特色社会主义思想的重要组成部分，可以看作是习近平新时代中国特色社会主义思想的“宣传篇”，是我们今后开展宣传工作必须遵循的“纲”和“魂”。

3. **实践意义**。“九个坚持”深刻阐明了做好新时代宣传工作的目标任务、职责使命和实践要求，深刻回答了事关方向性、根本性、全局性、战略性的重大问题，具有非常强的现实针对性和指导性，为开创宣传工作新局面提供了基本原则、指明了实践路径，是开展新时代党的宣传工作必须坚定不移遵守、贯彻、落实、践行的行动指南。

第二节　“九个坚持”的丰富内涵

以“九个坚持”为根本遵循，就要准确把握其精神实质和丰富内涵。这“九个坚持”的重要思想，从历史和现实相贯通、国际和国内相关联、理论和实际相结合的宽广视角，对新形势下宣传工作进行了深刻思考，是对宣传工作规律性认识的最新成果，也是习近平新时代中国特色社会主义思想的重要组成部分。[2]

---

2 《把“九个坚持”作为根本遵循——论学习贯彻习近平总书记在全国宣传思想工作会议重要讲话精神，《人民日报》2018 年 8 月 27 日。

1. **坚持党对意识形态工作的领导权**。意识形态工作是党的一项极端重要的工作，是为国家立心、为民族立魂的工作。党管意识形态是坚持党的领导的重要方面，做好意识形态工作，事关党的前途命运，事关国家长治久安，事关民族凝聚力和向心力。建设具有强大凝聚力和引领力的社会主义意识形态，是全党特别是宣传战线必须担负起的一个战略任务。习近平总书记把意识形态建设和管理工作，作为新时代坚持和发展中国特色社会主义的一个重大命题，放在宣传工作的重要位置，深刻论述了这项工作的重大意义、重点任务和方法路径，为我们在新形势下牢牢掌握意识形态工作领导权，明确了方向目标，提供了根本遵循。任何时候任何情况下，我们都不能忽视思想的力量、忽视意识形态的作用。当前，我国意识形态领域总体保持向上向好态势，但也要看到，思想文化相互激荡、价值观念多元多样，建设具有强大凝聚力和引领力的社会主义意识形态任务依然艰巨。对此，我们必须时刻保持头脑清醒、始终坚持立场坚定，深刻理解意识形态关乎旗帜、关乎道路、关乎国家政治安全，切实做到守土有责、守土负责、守土尽责，把体现党的主张和反映人民心声统一起来，巩固壮大主流思想舆论，弘扬主旋律，传播正能量，激发全社会昂扬奋进的强大力量，牢牢掌握意识形态工作的领导权、管理权。

2. **坚持思想工作“两个巩固”的根本任务，即巩固马克思主义在意识形态领域的指导地位，巩固全党全国人民团结奋斗的共同思想基础**。“两个巩固”正确回答了宣传工作要举什么旗帜、实现什么目标这一关键问题。我国有 960 多万平方公里国土，有 56 个民族，有 14 亿多人口。在中国这样一个多民族的人口大国，要形成统一的意志和行动，产生强大的凝聚力和向心力，必须要有一个共同的思想基础。

这个共同的思想基础，在现阶段概括起来，就是在中国共产党领导下，在习近平新时代中国特色社会主义思想的指引下，坚定不移走中国特色社会主义道路，为实现“第二个百年”奋斗目标和中华民族伟大复兴中国梦不懈奋斗。引领党和人民这一共同思想基础的指导思想则是马克思主义。马克思主义是指引党和人民事业不断发展的科学指南，是我们立党立国的根本指导思想。当前，必须毫不动摇地坚持巩固马克思主义在意识形态领域的指导地位，把全党和全国各族人民团结凝聚在新时代中国特色社会主义这个伟大旗帜之下。

3. **坚持用习近平新时代中国特色社会主义思想武装全党、教育人民**。习近平新时代中国特色社会主义思想是当代中国的马克思主义、二十一世纪的马克思主义，是中华文化和中国精神的时代精华，实现了马克思主义中国化时代化新的飞跃，凝结着全党的统一意志、全国人民的共同意愿。要夺取新时代中国特色社会主义伟大胜利，就必须坚持用习近平新时代中国特色社会主义思想武装全党、教育人民、推动工作。有了习近平新时代中国特色社会主义思想这面旗帜，党和人民团结奋进就有了统一的思想基础、科学的行动指南，就有了勠力同心、砥砺前行的时代精神。全党全社会要在学懂弄通做实新时代中国特色社会主义思想上下功夫，深刻领会“两个确立”的决定性意义，增强“四个意识”、坚定“四个自信”、做到“两个维护”，不忘初心，牢记使命，以坚强的理想信念、昂扬的精神状态、有效的措施行动，奋力实现党中央确立的目标任务。

4. **坚持培育和践行社会主义核心价值观**。社会主义核心价值观是国家之魂、民族之魂。党的十八大提出的“富强、民主、文明、和谐，自由、平等、公正、法治，爱国、敬业、诚信、友善”24 个字，体现了我们对社会主义核心价值观内涵的理解和把握，构成了社会主义核心价值观的基本内容。这 24 个字分为三个层面，“富强、民主、文明、和谐”，是国家层面的价值目标；“自由、平等、公正、法治”，是社会层面的价值取向；“爱国、敬业、诚信、友善”，是公民个人层面的价值准则。从国家到社会，再到公民个人，三个层面相互联系，相互支撑，形成一个整体。它不但与中国特色社会主义的发展要求相契合，而且与中华民族的优秀传统文化相融合，是对社会主义核心价值体系的高度凝练与集中表达，也是社会主义世界观、人生观、价值观从思想道德层面的高度凝练和集中体现。

5. **坚持文化自信是更基础、更广泛、更深厚的自信，是更基本、更深沉、更持久的力量**。坚持“道路自信、理论自信、制度自信”是党的十八大报告提出的中国特色社会主义思想文化建设的重要内容。党的十八大之后，习近平总书记在“三个自信”基础上，又提出了“文化自信”，创新和丰富了社会主义文化建设的内涵，为我们更加自信地去实现中华民族伟大复兴的中国梦提供了思想动力和理论指南。对中国文化的自信，以及中国文化与中国特色社会主义道路的关系问题，习近平总书记指出：“宣传阐释中国特色，要讲清楚每个国家和民族的历史传统、文化积淀、基本国情不同，其发展道路必然有着自己的特色；讲清楚中华文化积淀着中华民族最深沉的精神追求，是中华民族生生不息、发展壮大的丰厚滋养；讲清楚中华优秀传统文化是中华民族的突出优势，是我们最深厚的文化软实力；讲清楚中国特色社会主义植根于中华文化沃土、反映中国人民意愿、适应中国和时代发展进步要求，有着深厚历史渊源和广泛现实基础。中华民族创造了源远流长的中华文化，中华民族也一定能够创造出中华文化新的辉煌。独特的文化传统，独特的历史命运，独特的基本国情，注定了我们必然要走适合自己特点的发展道路。”[3] 把中华文化看作是“积淀着中华民族最深沉的精神追求”的文化；看作是“中华民族生生不息、发展壮大的丰厚滋养”；看作是“中华民族的突出优势”；看作是“最深厚的文化软实力”，表明我们对文化建设在社会主义现代化建设中的重要作用的充分肯定，标志着我们文化建设进入了一个新高度。

6. **坚持提高新闻舆论传播力、引导力、影响力、公信力**。新闻舆论是宣传工作的重要一环，是意识形态领域的最前沿。新闻舆论的传播力大小、引导力强弱、影响力多少、公信力优劣，事关重要。新闻舆论工作担负着“高举旗帜、引领导向，围绕中心、服务大局，团结人民、鼓舞士气，成风化人、凝心聚力，澄清谬误、明辨是非，连接中外、沟通世界”的职责使命，可以说使命光荣、责任重大、任务艰巨。让党的创新理论“飞入寻常百姓家”，让党的声音成为时代最强音，让主流价值主导社会舆论，必然要求主流媒体的广泛覆盖、有效传播。受众在哪里，新闻舆论工作的触角就要伸向哪里，着力点和落脚点就要放在哪里。

7. **坚持以人民为中心的创作导向**。人民群众是我们党的力量源泉，人民立场是我们党的根本政治立场，群众路线是我们党的生命线和根本工作路线。我们每一个党员都必须时刻牢记：全心全意为人民服务是我们党的根本宗旨，为人民谋幸福、为民族谋复兴是我们党的初心使命，人民对美好生活的向往是我们党的奋斗目标。“人民”，在习近平总书记的心目中有着至高无上的位置。早在 2013 年 8 月 19 日召开的全国宣传思想工作会议上，习近平总书记就提出了“以人民为

3 习近平：《论党的宣传思想工作》，中央文献出版社 2020 年版，第 17 页。

中心”的发展思想，并专门对党性和人民性的关系问题作了阐述：“党性和人民性从来都是一致的、统一的”。这就确立了“人民”和“人民性”的基础性地位。习近平总书记指出，“坚持人民性，就是要把实现好、维护好、发展好最广大人民根本利益作为出发点和落脚点，坚持以民为本、以人为本”。[4]在2014年10月15日的文艺工作座谈会上，习近平总书记指出：“只有牢固树立马克思主义文艺观，真正做到了以人民为中心，文艺才能发挥最大正能量。以人民为中心，就是要把满足人民精神文化需求作为文艺和文艺工作的出发点和落脚点，把人民作为文艺表现的主体，把人民作为文艺审美的鉴赏家和评判者，把为人民服务作为文艺工作者的天职。”[5]在2018年8月21日的全国宣传思想工作会议上，习近平总书记提出“要引导广大文化文艺工作者深入生活、扎根人民，把提高质量作为文艺作品的生命线，用心用情用功抒写伟大时代，不断推出讴歌党、讴歌祖国、讴歌人民、讴歌英雄的精品力作，书写中华民族新史诗。”[6]

8. **坚持营造风清气正的网络空间**。在互联网时代，网络空间的净化和网络传播的安全问题成了国家政治安全与文化安全的重要内容。如何确保网络传播的导向正确，如何营造一个风清气正的网络空间，成为涉及党和国家事业发展的一个重要问题。2014年2月27日，党中央专门成立了中央网络安全和信息化领导小组，统筹协调涉及经济、

4 习近平：《论党的宣传思想工作》，中央文献出版社2020年版，第15页。

5 习近平：《在文艺工作座谈会上的讲话》，《人民日报》2015年10月15日。

6《习近平在全国宣传思想工作会议上强调 举旗帜聚民心育新人兴文化展形象 更好完成新形势下宣传思想工作使命任务》，《人民日报》2018年08月23日。

政治、文化、社会及军事等各个领域的网络安全和信息化重大问题，由习近平总书记亲自担任组长。2018 年 3 月中共中央印发的《深化党和国家机构改革方案》，将中央网络安全和信息化领导小组改为中央网络安全和信息化委员会。2016 年 4 月 19 日，习近平总书记在网络安全和信息化工作座谈会上指出，“网络空间是亿万民众共同的精神家园。网络空间天朗气清、生态良好，符合人民利益。网络空间乌烟瘴气、生态恶化，不符合人民利益”。“我们要本着对社会负责、对人民负责的态度，依法加强网络空间治理，加强网络内容建设，做强网上正面宣传，培育积极健康、向上向善的网络文化，用社会主义核心价值观和人类优秀文明成果滋养人心、滋养社会，做到正能量充沛、主旋律高昂，为广大网民特别是青少年营造一个风清气正的网络空间。”[7] 在 2018 年 8 月 21 日召开的全国宣传思想工作会议上，习近平总书记又提出：必须科学认识网络传播规律，提高用网治网水平，使互联网这个最大变量变成事业发展的最大增量。近些年来，我们在发展互联网，规范网络传播，加强网络治理方面取得了许多经验，积累了很多成果，形成了不少规律性认识。正因为此，习近平把“坚持营造风清气正的网络空间”，作为党的十八大以来我们党对宣传工作规律性认识的一项重要成果，作为关于宣传工作的一个“新思想新观点新判断”，强调要“使互联网这个最大变量变成事业发展的最大增量”。[8]

---

7 习近平：《在网络安全和信息化工作座谈会上的讲话》，《人民日报》2016 年 04 月 26 日。

8 习近平：《论党的宣传思想工作》，中央文献出版社 2020 年版，第 339 页。

9. **坚持讲好中国故事、传播好中国声音**。改革开放以来，我国经济获得快速发展，经济总量跻身世界前列，成为极具活力的发展中国家，国际社会对中国的关注度越来越高。在这种情况下，世界需要了解我们，中国也需要了解世界。如何让世界更好地了解中国，让中国更好地了解世界，成为宣传思想和新闻舆论工作中的一个重要问题。落后就要挨打，贫穷就要挨饿，失语就要挨骂。当前，外宣工作处于历史最好时期，同时也面临最大压力。党的十八大以来，我国对外宣传工作应势而起、乘势而上，国际舆论格局“西强我弱”的差距正在缩小，国际社会对中国发展的关注、认同与日俱增，但“中国威胁论”“中国崩溃论”等噪音杂音依然存在。对此，我们要保持战略定力，积极主动做工作，推动对外宣传创新，着力重塑外宣业务、重整外宣流程、重构外宣格局，努力开创外宣工作新局面。在这样背景下，习近平总书记提出了“讲好中国故事，传播好中国声音”的重要命题。在2013年全国宣传思想工作会议上，习近平总书记指出：“对世界形势发展变化，对世界上出现的新事物新情况，对各国出现的新思想新观点新知识，我们要加强宣传报道，以利于积极借鉴人类文明创造的有益成果。要精心做好对外宣传工作，创新对外宣传方式，着力打造融通中外的新概念新范畴新表述，讲好中国故事，传播好中国声音。”[9]在2018年全国宣传思想工作会议上，习近平指出：“展形象，就是要推进国际传播能力建设，讲好中国故事、传播好中国声音，向世界展现真实、立体、全面的中国，提高国家文化软实力和中华文化影响力。”[10]

9　习近平：《论党的宣传思想工作》，中央文献出版社2020年版，第17页。

10 习近平：《论党的宣传思想工作》，中央文献出版社2020年版，第339页。

我们要把“讲好中国故事、传播好中国声音”，作为我们“加强国际传播能力建设，增强国际话语权”，作为“向世界展现真实、立体、全面的中国，提高国家文化软实力和中华文化影响力”的重要内容和战略举措，放到国家发展整体布局和宏观战略的高度上予以考虑。

总体来看，“九个坚持”是对多年来宣传工作丰富实践、宝贵经验的系统总结，涵盖了宣传工作的各层次各领域，不仅深刻阐明了新时代党的宣传工作的历史方位、地位作用、使命任务、职责担当，而且科学回答了宣传工作方向性、全局性、战略性的重大问题，是党的创新成果在意识形态工作领域的集中体现，是新形势下做好宣传工作的根本遵循，具有很强的战略指导性和现实针对性，意义重大而深远。要准确领会、深刻把握“九个坚持”的精髓要义，自觉肩负起新形势下宣传工作“举旗帜、聚民心、育新人、兴文化、展形象”的使命任务，为党和国家事业发展提供坚强思想保证和强大精神力量。

第三节　“九个坚持”的功能作用

一、“九个坚持”的理论价值

一个时代有一个时代的主题，一代人有一代人的使命。中国特色社会主义进入新时代，我国发展形势总的很好，做好宣传工作具有坚实的理论基础、实践基础、物质基础、民心基础。同时，我们也要清醒地看到，中华民族伟大复兴绝不是轻轻松松、敲锣打鼓就能实现的。越是取得成绩的时候，越是要有如履薄冰的谨慎，越是要有居安思危的忧患。我们党要团结带领人民实现党中央确定的战略目标，夺取中国特色社会主义新胜利，更加需要坚定自信、鼓舞斗志，更加需要同心同德、团结奋斗。[11]

“九个坚持”既是认识论、方法论，又体现了鲜明的问题导向、实践导向。九个方面内容都有明确的问题所指，回答了党内和社会上一些重大关切，能够激发人们的强烈共鸣，取得了有目共睹的实际成效，与“举旗帜、聚民心、育新人、兴文化、展形象”的使命任务形成了内在呼应。“九个坚持”中的很多内容，党中央都是专题研究部署的，都是新形势下党和国家工作的重要内容。

“九个坚持”既立足中国看世界，又站在世界看中国。立足世界需要坚定自己的主心骨，增强自己的底气、骨气和志气，不见异思迁、不人云亦云，坚持用习近平新时代中国特色社会主义思想武装全党、教育人民，坚持以文化自信，增强政治定力。唯有以立为本、立破并举，才能不断增强社会主义意识形态的凝聚力和引领力。当然，积极主动地阐释好中国道路、中国特色，不仅仅为了维护国家政治安全和文化安全，也是着眼提升中华文化的影响力，让世界更好地了解中国，这正是坚持讲好中国故事、传播好中国声音的意义所在。

“九个坚持”既突出党的领导作用，又强调人民的中心和主体地位。开宗明义强调坚持党对意识形态工作的领导权，这是宣传工作根本遵循中的灵魂。与此同时，以人民中心的思想在“九个坚持”中也得以融贯体现，反映了党性与人民性的高度统一，是中国共产党人的初心和使命

11《肩负起时代赋予的使命任务——论学习贯彻习近平总书记在全国宣传思想工作会议重要讲话精神》，《人民日报》2018 年 8 月 29 日。

在宣传工作中的具体体现。党的领导是包括意识形态工作在内的整个宣传思想工作的主心骨、压舱石，决定着工作的政治方向、价值取向。巩固党对宣传工作的领导权、管理权，必须通过提升党的领导效能、治理水平、管理能力来实现，这就更需要着力在基础性、战略性工作上下功夫，在关键处、要害处下功夫，在工作质量和水平上下功夫。[12]

二、“九个坚持”的相互关系

“九个坚持”是习近平总书记在回顾党的十八大以来宣传工作的历史性成就和历史性变革基础上，对新时代宣传工作规律提出的概况性认识和理论创新。应当从新形势、新任务、新要求的实际出发，认识规律、遵循规律、利用规律，研究新问题、担当新使命、明确新要求、开拓新局面。只要长期坚持、不断发展“九个坚持”这一对宣传工作的规律性认识，就一定能不断巩固马克思主义在意识形态领域的指导地位，巩固全党全国人民团结奋斗的共同思想基础。

1. **“九个坚持”是一个由思想引领、精神激励、舆论引导和文化支撑等内容组成的系统完备的有机整体。**思想引领体现在坚持党对意识形态工作的领导权，坚持思想工作“两个巩固”，坚持用习近平新时代中国特色社会主义思想武装全党、教育人民方面；精神激励体现在坚持培育和践行社会主义核心价值观，坚持文化自信方面；舆论引导体现在坚持提高新闻舆论传播力、引导力、影响力、公信力方面；文化支撑体现在坚持以人民为中心的创作导向，坚持营造风清气正的网络空间，坚持讲好中国故事、传播好中国声音方面。这四个方面的

12 曹昊：《系统把握“九个坚持”》，《学习时报》2018 年 09 月 26 日。

内容深刻回答了新形势下宣传工作抓什么、如何抓、抓出什么效果等重大问题，这些内容密切联系，相互贯通，缺一不可。

2. **“九个坚持”是由“一个统领”、七项国内工作举措和一项对外工作举措组成的结构清晰的有机整体。**“一个统领”是坚持党对意识形态工作的领导权，这是“九个坚持”最核心的要素，确保宣传工作始终沿着正确的道路和方向前进。七项国内工作举措即：坚持思想工作“两个巩固”的根本任务，坚持用习近平新时代中国特色社会主义思想武装全党、教育人民，坚持培育和践行社会主义核心价值观，坚持文化自信，坚持提高新闻舆论传播力、引导力、影响力、公信力，坚持以人民为中心的创作导向，坚持营造风清气正的网络空间。一项对外工作举措即：坚持讲好中国故事、传播好中国声音，有利于营造对和平友好的国际环境。在“一个统领”下，找准了国内宣传工作的着力点，找准了国内和对外宣传工作的结合点，逻辑清晰，科学合理。

3. **“九个坚持”是总结历史、面向现实、指向未来的有机整体。**我们党历来高度重视和善于开展宣传工作，形成了一套极为宝贵的工作经验。特别是党的十八大以来，我们党将宣传工作摆在全局工作的重要位置，作出了一系列重大决策，实施了一系列重大举措。“九个坚持”既是对历史经验的全面总结，也是对工作实践的理性升华，同时充分体现了对未来发展的指向性，必将推动宣传工作不断强起来，促进全体人民在理想信念、价值理念、道德观念上紧紧团结在一起，为服务党和国家事业全局作出更大贡献。[13]

13 周文彰、刘晓佳：《“九个坚持”：推进宣传思想工作不断强起来》，《北京日报》2018 年 9 月 3 日。

三、“九个坚持”的实践要求

“知者行之始，行者知之成。”“九个坚持”的重要思想，具有很强的战略指导性和现实针对性，既是理论指导，更是行动指南，需要在实践中加以贯彻落实。习近平总书记反复强调：“一分部署，九分落实。”在党的十九大上，习近平总书记将狠抓落实作为领导干部必须增强的“八种本领”之一。在党的二十大上，习近平总书记强调“选拔忠诚干净担当的高素质专业化干部”，加强实践锻炼、专业训练，注重在重大斗争中磨砺干部，增强干部推动高质量发展本领、服务群众本领、防范化解风险本领。[14]知之愈明，则行之愈笃；行之愈笃，则知之益明。在实践中贯彻落实“九个坚持”的各项要求，不能囫囵吞枣、一知半解，不能流于表面、上下一般粗。贯彻落实“九个坚持”必须树立自觉意识，积极践行新时代宣传工作的新理念，用新理念指导新形势下的宣传工作，实现理论创新和实践创新良性互动，立足实际、因地制宜、务求实效，把“九个坚持”在实践中落细落小落实，不断增强工作的原则性、系统性、预见性、创造性，不断增强宣传工作的主动性、针对性、实效性，不断以思想认识新飞跃打开工作新局面。

1. 要不断提高政治站位，旗帜鲜明讲政治，将贯彻落实“九个坚持”作为对“四个意识”牢固不牢固、“四个自信”坚定不坚定、“两个维护”意识强不强的具体检验，坚决维护习近平总书记的核心地位，坚决维护党中央权威和集中统一领导，在思想上政治上行动上以习近平同志

14 习近平：《高举中国特色社会主义伟大旗帜 为全面建设社会主义现代化国家而团结奋斗——在中国共产党第二十次全国代表大会上的报告》，《人民日报》2022年10月26日。

为核心的党中央保持高度一致。

2. 要认真学习、深入领会“九个坚持”的丰富内涵、内在逻辑和精神实质，将学习习近平新时代中国特色社会主义思想与守正创新做好新时代新征程宣传工作紧密结合起来，进一步统一思想，提高认识，学思践悟，融会贯通，将学习成果转化为谋划新时代宣传工作的清晰思路，转化为推动新时代宣传工作发展的实际成效。

3. 要牢牢把握“九个坚持”的实践要求，自觉肩负起新形势下宣传工作承担的举旗帜、聚民心、育新人、兴文化、展形象的使命任务，全面增强狠抓落实本领，锐意改革创新，勇于担当作为，以踏石留印、抓铁有痕的“钉钉子”精神，确保“九个坚持”真正落到实处，努力推进宣传工作再上新台阶，在“围绕中心、服务大局”中为党和国家事业作出更大贡献。

第四讲

把“统一思想、凝聚力量”作为中心环节

当前，实现中华民族伟大复兴正处于关键时期，统一思想、汇聚力量任务之艰巨前所未有。对此，我们必须把统一思想、凝聚力量作为宣传工作的中心环节，既解决实际问题又解决思想问题，更好地强信心、聚民心、暖人心、筑同心。

第一节　新形势下宣传工作面临的风险挑战

新形势下宣传工作面临前所未有的风险挑战，也承担着前所未有的艰巨任务。面对国内国际新形势、意识形态领域新态势、信息化发展新趋势，统一思想、凝聚力量任务之艰巨，建设具有强大凝聚力和引领力的社会主义意识形态任务之艰巨，改进创新宣传工作任务之艰巨，增强国际话语权、提升国家文化软实力任务之艰巨，都是前所未有的。

一、国内新形势

当前，我国正处在从“站起来”“富起来”到“强起来”的关键时期，机遇挑战并存交织，问题矛盾叠加碰撞。实现中华民族伟大复兴的中国梦是一个长期复杂的社会历史进程，不可避免地会遇到各种矛盾和阻力。在实践中，我们会始终面临着坚持党的领导和我国社会主义制度与削弱、歪曲、否定党的领导和我国社会主义制度的矛盾；面临着维护人民利益与损害人民利益、脱离群众的矛盾；面临着锐意改革创新与反对阻碍改革创新等顽瘴痼疾的矛盾；面临着维护我国主权、安全、发展利益与分裂祖国、破坏民族团结和社会和谐稳定的矛盾；以及来自政治、经济、文化、社会等领域和自然界的困难挑战等。正如习近平总书记所说，实现中华民族伟大复兴，绝不是轻轻松松、敲锣打鼓就能实现的，必须进行具有许多新的历史特点的伟大斗争。[1]这些困难是发展中的困难、前进中的问题、成长中的烦恼，必须要在发展中得到解决。

越是处于爬坡过坎的关键时期，越是需要凝聚广泛的思想共识，熔铸磅礴的奋进力量。当前，国际国内形势发生深刻变化，我国发展形势总的很好，但我们面临艰巨的任务，面临一系列前所未有的新问题新挑战。只有牢牢把握“统一思想、凝聚力量”这个中心环节，宣传工作才能找准立足点、聚焦点、着力点，以勇往直前的使命担当和扎实有效的工作举措，全面落实“两个巩固”根本任务，团结引领全党全国人民在大变局中稳住阵脚、沉着应对、勠力前行，夺取新时代中国特色社会主义伟大胜利。

二、国际新形势

当今世界，百年变局和世纪疫情相互交织，世界经济复苏步履维艰，各种社会思潮交锋激荡，各种安全挑战层出不穷，世界进入新的动荡变革期，在这种背景下，增强国际话语权、提升国家文化软实力任务之艰巨前所未有。对此，我们必须既积极主动阐释好中国道路、中国特色，又要有效维护我国政治安全和文化安全。从历史上看，中华民族从站起来到富起来再到强起来的每一次伟大飞跃，都是中国共产党团结带领中国人民，在极其复杂严峻的国内国际形势下，经过长期艰苦卓绝的斗争实现的。我们已经站在新的历史起点上，迎来实现中华

1《习近平谈治国理政》（第三卷），外文出版社2020年版，第12页。

民族伟大复兴的光明前景，但前进道路上必然会面临各种难题和挑战，必须勇于从国内国际结合的战略点上进行许多具有新的历史特点的伟大斗争。从大局上看，世界正处于大发展大变革大调整时期，和平与发展仍然是时代主题。我们要坚信和平发展大势不可逆转，继续高举和平、发展、合作、共赢的旗帜，努力推动建设相互尊重、公平正义、合作共赢的新型国际关系，推动构建人类命运共同体，不断推进人类和平与发展的崇高事业。当前国际形势深刻复杂演变，我们既要把握世界多极化加速推进的大势，又要重视大国关系深入调整的态势；既要把握经济全球化持续发展的大势，又要重视世界经济格局深刻演变的动向；既要把握国际环境总体稳定的大势，又要重视国际安全挑战错综复杂的局面；既要把握各种文明交流互鉴的大势，又要重视不同思想文化相互激荡的现实。妥善应对和化解我国发展历史交汇期和世界发展转型过渡期相互叠加带来的各种风险挑战，是加强国际传播能力建设的必然要求，也是对外宣传工作必须担负起的重要职责。[2]

做好新时代宣传工作要顺应时代发展潮流，适应国际格局变动，应对当前各领域重大挑战。我们不是要鼓噪冲突，而是要讲好中国发展的故事；不是零和博弈，而是要参与全球治理；不是“一枝独秀”，而是要为人类发展作出中国贡献。宣传工作要在和平的时代潮流中增强中国特色社会主义意识形态的影响力，培育中国特色社会主义意识形态的塑造力，不断提升中国文化软实力。虽然我国日益走近世界舞

2　人民日报评论员：《准确把握当前和今后一个时期的国际形势形势》，《人民日报》2018 年 06 月 24 日。

台中央，“东升西降”的发展趋势日趋明朗，但短时期内“西强我弱”的国际传播格局尚未根本改变，“唱衰中国”“围堵中国”的论调时有出现。我们必须深刻认识到，两种意识形态的较量是长期的、复杂的，将伴随我国全面建设社会主义现代化强国全过程。要持续推进知识创新、理论创新、方法创新，加快建设中国特色哲学社会科学的学科体系、学术体系、话语体系，大力宣介习近平新时代中国特色社会主义思想，生动阐释中国共产党为什么“能”、马克思主义为什么“行”，深刻回答中国特色社会主义制度为什么“好”，切实坚定广大干部群众的“四个自信”，全面提升国际社会对中国道路、中国特色的认同度。要有理有利有节开展舆论斗争，特别要运用“中国之治”和“西方之乱”的鲜明对照，帮助广大干部群众和国际社会深刻认识中国特色社会主义制度的优越性和西方资本主义制度的弊端乱象，切实维护国家政治安全、意识形态安全和文化安全。

三、意识形态领域新态势

意识形态工作是党的一项极端重要的工作，是为国家立心、为民族立魂的工作。做好意识形态工作，事关党的前途命运，事关国家长治久安，事关民族凝聚力和向心力。当前，我国思想文化相互激荡、价值观念多元多样，建设具有强大凝聚力和引领力的社会主义意识形态任务之艰巨前所未有。对此，我们必须坚持以立为本、立破并举，不断增强社会主义意识形态的凝聚力和引领力。

随着我国经济发展进入新常态，改革进入攻坚期和深水区，意识形态领域形势日趋复杂，各种思想文化交流交融交锋日趋活跃，意识形态领域渗透和反渗透的斗争异常尖锐复杂。主要体现在社会思想意识复杂多样，各种力量竞相发声；经济社会热点问题泛政治化、泛意识形态化；社会主流价值遭遇市场逐利主义侵袭割裂；传统主流媒体受到新兴网络媒体的冲击操纵。必须要注意区分政治原则问题、思想认识问题、学术观点问题，旗帜鲜明反对和抵制各种错误观点，准确把握带来各类风险叠加集聚的复杂形势，以立为本、立破并举，加快建设具有强大凝聚力和引领力的社会主义意识形态，为统一思想、凝聚力量提供强大基础支撑。

四、信息化发展新趋势

新一轮科技革命带来传播格局深刻变革，信息化发展及其趋势使得改进创新宣传工作任务之艰巨前所未有。对此，我们必须科学认识网络传播规律，提高用网治网水平，使互联网这个最大变量变成事业发展最大增量。互联网带来舆论生态和媒体格局的深刻变革，形成新的信息传播特征和舆论生成影响规律。一方面，网络空间是信息传播的集散地，多元思想文化交流、交融，极大地丰富人们文化生活，开阔人们视野，促进个性培养，提升人类智慧；另一方面，网络空间成为各种思想文化交锋和角力、民心民意争夺的新领域。一些非主流的、歪曲事实的、不稳定不成型价值态度的信息碎片化地扩散传播，混淆视听，涣散和弱化主流文化，解构人们的认知、情感、观念，容易导致出现文化盲从现象，加剧文化认同危机，对一个民族和国家的主流价值观念、文化传统、历史信仰形成巨大冲击，给国家的文化安全带来严重挑战。

互联网是意识形态斗争的主阵地、主战场和最前沿，是社会舆论的传导器、放大器、扩散器。在互联网时代，必须将更多资源、更大气力投向互联网，深入研究把握互联网条件下的新闻传播规律和新兴媒体发展规律，全面提高用网治网水平，正确处理安全和发展、开放和自主、管理和服务的关系，全面提高网络传播的传播率、到达率、阅读率、点赞率，形成网上正面宣传强势，让网上主旋律更高昂、正能量更充沛、文化自信更彰显。要坚持正能量是总要求、管得住是硬道理、用得好是真本事的原则，依法管网、依法办网、依法治网，积极营造清朗的网络空间，切实维护网络意识形态安全，使互联网真正成为统一思想、凝聚力量的精神家园。

第二节 坚持“两个巩固”的根本任务

一、把“两个巩固”作为根本任务

宣传工作是关于解决人的思想问题的工作，必须立主导、抓根本、管长远。坚持宣传工作“两个巩固”的根本任务，是习近平总书记立足于世情国情党情的深刻变化，从坚持和发展中国特色社会主义的战略全局出发，对宣传工作根本任务最集中最鲜明的概括，为我们开创宣传工作新局面，确定了原则、指明了方向、提供了遵循。

1. **巩固马克思主义在意识形态领域的指导地位**。党和国家指导思想在我国社会主义意识形态中占据统摄地位。实践证明，马克思主义始终是我们党和国家的指导思想，是我们认识世界、把握规律、追求真理、改造世界的强大思想武器。当前，世界正处于百年未有之大变局之中，中华民族伟大复兴正处于关键时期，我们要赢得优势、赢得主动、赢得未来，必须在指导思想上坚定不移。习近平新时代中国特色社会主义思想是当代中国马克思主义、二十一世纪马克思主义，是中华文化和中国精神的时代精华，实现了马克思主义中国化新的飞跃。[3]理论武装的首要任务，就是学懂弄通做实习近平新时代中国特色社会主义思想，推动学习宣传阐释工作进一步往深里走、往实里走、往心里走。在学习上，要摒弃口号式、机械式、表态式的传达学习，多搞研讨式、调研式的深度学习，真正入脑入心，在学深悟透上下功夫。在宣传上，要避免表层化解读、口号化表态，力求融会贯通、潜移默化，多接地气、多深入生活，在深入人心上下功夫。在研究阐释上，要跳出从理论到理论的自我循环，把理论话语、学术话语转化为群众话语、生活话语，让人读得进去、看得明白，推动科学理论落地生根，更好武装头脑。

2. **巩固全党全国人民团结奋斗的共同思想基础**。民心是最大的政治，是我们党执政的政治基础。宣传工作必须在多元中立主导、在多样中谋共识，巩固全党全国人民团结奋斗的共同思想基础，以坚定理想信念筑牢精神之基，深化社会主义和共产主义宣传教育，深化中国特色社会主义和中国梦宣传教育，引导广大干部群众坚定“四个自信”，壮大团结奋斗的正能量。大力培育和弘扬社会主义核心价值观，强化教育引导、实践养成、制度保障，依靠榜样力量、全体自觉，唱响团结奋斗的主旋律。巩固壮大主流思想舆论，做大做强正面宣传，紧紧围绕党的基本理论、基本路线、基本方略和党中央重大决策部署，精心组织开展主题宣传、形势宣传、政策宣传、成就宣传、典型宣传，

---

3 《中共中央关于党的百年奋斗重大成就和历史经验的决议》，《人民日报》2021 年 11 月 17 日。

形成团结奋斗的强大主流舆论场。坚持立德树人、以文化人，深入实施公民道德建设工程，深化群众性精神文明创建，大力弘扬时代新风，不断提升人民思想觉悟、道德水准、文明素养和全社会文明程度，画好团结奋斗的同心圆。

二、明确坚持“两个巩固”的重要意义和实践要求

巩固马克思主义在意识形态领域的指导地位、巩固全党全国人民团结奋斗的共同思想基础，需要全体党员干部坚定马克思主义、共产主义信仰，脚踏实地为实现党在现阶段的基本纲领而不懈努力，扎扎实实做好每一项工。党员领导干部特别是高级干部要把系统掌握马克思主义基本理论作为看家本领，老老实实、原原本本学习马克思列宁主义、毛泽东思想、邓小平理论、“三个代表”重要思想、科学发展观、习近平新时代中国特色社会主义思想。党校（行政学院）、干部学院、社会科学院、高校、理论学习中心组等都要把马克思主义作为必修课，成为马克思主义学习、研究、宣传的重要阵地。[4]年轻干部尤其要抓好理论学习，不断提高政治敏锐性和政治鉴别力，观察分析形势首先要把握政治因素，特别是要能够透过现象看本质，做到眼睛亮、见事早、行动快。提高政治能力必须对党的政治纪律和政治规矩怀有敬畏之心。要自觉加强政治历练，增强政治自制力，始终做政治上的“明白人”、“老实人”。要注重提高马克思主义理论水平，学深悟透，融会贯通，掌握辩证唯物主义和历史唯物主义，掌握贯穿其中的马克思主义立场观点方法，掌握中国化的马克思主义，做马克思主义的坚定信仰者、

4　习近平：《论党的宣传思想工作》，中央文献出版社 2020 年版，第 288 页。

忠实实践者。[5]

宣传工作是做人的工作，而人是做好所有工作的关键因素。因此，新时代宣传工作分量千钧。宣传战线要有守有为、敢于担当、改革创新、建强队伍，以奋发有为的精神状态开创工作新局面。毛泽东同志说，主义譬如一面旗子，旗子立起了，大家才有所指望，才知所趋赴。宣传工作就是要高举马克思主义、中国特色社会主义旗帜，坚持不懈用习近平新时代中国特色社会主义思想武装全党、教育人民、推动工作，不断巩固马克思主义在意识形态领域的指导地位，巩固全党全国人民团结奋斗的共同思想基础。[6]

第三节　“统一思想、凝聚力量”的工作要求

当前，我国发展形势总的很好，我们党要团结带领人民实现党中央确定的战略目标，夺取新时代中国特色社会主义建设新胜利，更加需要坚定自信、鼓舞斗志，更加需要同心同德、团结奋斗。对此，我们必须把人民对美好生活的向往作为我们的奋斗目标，既解决实际问题又解决思想问题，更好强信心、聚民心、暖人心、筑同心；我们必须既积极主动阐释好中国道路、中国特色，又有效维护我国政治安全

5 《习近平在中央党校（国家行政学院）中青年干部培训班开班式上发表重要讲话强调 年轻干部要提高解决实际问题能力 想干事能干事干成事》，《人民日报》2020年10月11日。

6 张鸣：《坚持思想工作两个巩固的根本任务》，《求是》2018年第21期。

和文化安全；我们必须坚持以立为本、立破并举，不断增强社会主义意识形态的凝聚力和引领力；我们必须科学认识网络传播规律，提高用网治网水平，使互联网这个最大变量变成事业发展的最大增量。[7]

党的十八大以来，宣传工作取得的历史性成就和发生的历史性变革，充分证明宣传战线广大干部是完全值得信赖的。同时也要看到，我们的本领能力，随着形势和任务不断发展，适应的一面正在下降，不适应的一面正在上升。我们党历来高度重视宣传工作，无论是革命战争年代、社会主义建设时期，还是在改革开放以后，党的宣传工作不断发挥着统一思想、凝聚力量的重要作用，成为党和国家事业不断取得胜利的重要法宝。习近平总书记强调，中国特色社会主义进入新时代，必须把统一思想、凝聚力量作为宣传工作的中心环节。[8]这一重要论断，立足坚持和发展新时代中国特色社会主义的战略全局，深刻阐明了做好宣传工作的重大意义，具有很强的战略性、现实性和针对性。统一思想、凝聚力量，就是要高举思想旗帜，用党的理论创新成果凝聚广泛思想共识、熔铸坚实的精神支撑，促进全体人民在理想信念、价值理念、道德观念上紧紧凝聚在一起；就是要让党的创新理论成为新时代最强音，引导广大干部群众把思想统一到习近平新时代中国特色社会主义思想和党中央决策部署上来，坚定自信、鼓舞斗志，同心同德、团结奋斗，最终实现党中央确定的战略目标，夺取中国特色社会主义新胜利。[9]

---

7 习近平：《论党的宣传思想工作》，中央文献出版社 2020 年版，第 338-339 页。

8 习近平：《论党的宣传思想工作》，中央文献出版社 2020 年版，第 14 页。

9 李莹、吴泽群:《紧紧抓住新时代宣传思想工作统一思想、凝聚力量这个中心环节》，《解放军报》2018 年 11 月 2 日。

就目前来看，用党的创新理论统一思想、凝聚力量的任务还非常艰巨。对党的创新理论成果的学习还存在“碎片化”“浅表化”“标签化”等浅尝辄止的问题，还没有真正做到深学、笃信、践行；还没有把对马克思主义的信仰，对社会主义和共产主义的信念作为毕生追求。有的人对理论武装头脑的紧迫性认识不足，理论学习不够重视，学习的自觉性、主动性和积极性不足、针对性不强，不分层次，一般通读多，重点精读少。有的人对理论的钻研不深入，没有在把握习近平新时代中国特色社会主义思想的精髓要义上下功夫，对理论学习浅尝辄止，不求甚解。理论联系实际不够，学用脱节，运用理论指导实践的意识不强，没有充分把理论和实践紧密地联系起来，运用马克思主义的立场、观点、方法来分析和解决问题、指导工作、提高工作水平。

“不忘初心，方得始终。”今天，实现中华民族伟大复兴正处于关键时期，发展关键期、改革攻坚期，往往也是矛盾凸显期。历史和现实告诉我们，越是面对挑战和困难，就越需要坚持正确政治方向，就越需要统一思想、凝聚力量，在风云变幻的历史进程中保持战略定力。因此，做好新形势下宣传工作，必须以习近平新时代中国特色社会主义思想为指导，增强“四个意识”、坚定“四个自信”、做到“两个维护”，自觉承担起举旗帜、聚民心、育新人、兴文化、展形象的使命任务，促进全体人民在理想信念、价值理念、道德观念上紧紧团结在一起，为服务党和国家事业全局作出更大贡献。

宣传战线要在学习、宣传、研究马克思主义特别是马克思主义中国化理论创新成果上担当尽责，以新的精神状态和奋斗姿态，打通理论宣讲的“最后一公里”，推动党的创新理论“飞入寻常百姓家”，引导广大干部群众进一步增强政治意识、大局意识、核心意识、看齐意识，进一步坚定中国特色社会主义道路自信、理论自信、制度自信、文化自信，坚决维护习近平总书记党中央的核心、全党的核心地位，坚决维护党中央权威和集中统一领导，推动全党全社会更加紧密地团结在以习近平同志为核心的党中央周围，弘扬伟大建党精神，自信自强、守正创新，踔厉奋发、勇毅前行，为全面建设社会主义现代化国家、全面推进中华民族伟大复兴而团结奋斗，努力创造无愧于时代、无愧于人民、无愧于历史的新业绩。

第五讲

承担起“五大使命任务”

做好新形势下宣传工作，必须自觉承担起举旗帜、聚民心、育新人、兴文化、展形象的使命任务，促进全体人民在理想信念、价值理念、道德观念上紧紧团结在一起，为服务党和国家事业全局作出更大贡献。习近平总书记关于宣传工作“五大使命任务”的重要论述，首次明确了新形势下做好宣传工作的五项使命任务，是对新时代党的宣传工作使命任务的一次全新系统阐述和重大部署，为我们立足新方位、找准新坐标、展现新作为，指明了努力方向。

第一节 “五大使命任务”的时代价值

一、举旗帜

旗帜指引方向，旗帜凝聚力量。习近平总书记指出：“举旗帜，就是要高举马克思主义、中国特色社会主义的旗帜，坚持不懈用新时代中国特色社会主义思想武装全党、教育人民、推动工作，在学懂弄通做实上下功夫，推动当代中国马克思主义、二十一世纪马克思主义深入人心、落地生根。”[1] 这一重要论述，深刻指出了只有高扬当代中国马克思主义、二十一世纪马克思主义的旗帜，才能团结凝聚亿万人民建设中国特色社会主义。

中国特色社会主义进入新时代，意味着科学社会主义在二十一世纪的中国焕发出强大生机活力，在世界上高高举起了中国特色社会主义伟大旗帜。2018 年 1 月 5 日，习近平总书记在新进中央委员会的委员、候补委员和省部级主要领导干部学习贯彻习近平新时代中国特色社会主义思想和党的十九大精神研讨班开班式上发表重要讲话时强调指出：“科学社会主义在中国的成功，对马克思主义、科学社会主义

1 习近平：《论党的宣传思想工作》，中央文献出版社 2020 年版，第 339 页。

的意义，对世界社会主义的意义，是十分重大的。”[2]改革开放40多年来，中国特色社会主义取得了巨大成功，创造出令人惊叹的“中国奇迹”，谱写了社会主义发展的辉煌篇章，为历经磨难的社会主义注入强大生命力，在世界上重振了人们对社会主义的信心。进入新时代，中国特色社会主义这面旗帜在当今世界更加鲜艳夺目、更加令人神往，成为引领二十一世纪科学社会主义发展的伟大旗帜，成为振兴世界社会主义的中流砥柱。[3]

习近平新时代中国特色社会主义思想是新时代中国共产党的思想旗帜，是国家政治生活和社会生活的根本指针，是当代中国马克思主义、二十一世纪马克思主义。习近平新时代中国特色社会主义思想是闪耀真理光辉、凝结时代精华的当代中国马克思主义，是统揽推进“四个伟大”（伟大斗争、伟大工程、伟大事业、伟大梦想）、实现民族复兴伟业的思想旗帜和行动指南。坚持不懈用习近平新时代中国特色社会主义思想武装全党、教育人民，是宣传战线的首要政治任务。对此，要切实继承发扬党的理论工作优良传统，高举思想旗帜，把好方向之舵，学思践悟，融会贯通，切实增强政治自觉和思想自觉，持之以恒用习近平新时代中国特色社会主义思想武装头脑、指导实践，不断推动理论学习宣传研究取得新进展、实现新提升，确保在习近平新时代中国特色社会主义思想的领航掌舵下，党和国家各项事业、宣传领域各项工作都行稳致远、日新月异。

---

2 《习近平在学习贯彻党的十九大精神研讨班开班式上发表重要讲话强调，以时不我待只争朝夕的精神投入工作，开创新时代中国特色社会主义事业新局面》，《人民日报》2018年1月6日。

3 《让党的旗帜在宣传思想战线高高飘扬——论学习贯彻习近平总书记在全国宣传思想工作会议重要讲话精神》，《人民日报》2018年9月2日。

二、聚民心

民心是最大的政治，共识是奋进的动力。习近平总书记指出，聚民心，就是要牢牢把握正确舆论导向，唱响主旋律，壮大正能量，做大做强主流思想舆论，把全党全国人民士气鼓舞起来、精神振奋起来，朝着党中央确定的宏伟目标团结一心向前进。[4]这一重要论述，深刻分析了宣传工作面临的形势、机遇、挑战，深刻阐释了宣传工作的中心环节在于统一思想、凝聚力量，为宣传工作更好强信心、聚民心、暖人心、筑同心指明了努力方向。

人无精神不立，国无精神不强。回望近代以来的民族复兴历程，每逢人民精诚团结、进取精神勃发的时刻，就能创造一个个胜利的奇迹。我们的国家之所以能历经磨难而不衰，我们的民族之所以能千锤百炼更勇毅，原因就在于民心牢聚、信心坚强、精神挺拔。今天，在中华民族伟大复兴的关键时期，我们党要团结带领人民实现党中央确定的战略目标，夺取中国特色社会主义新胜利，更加需要坚定自信、鼓舞斗志，更加需要同心同德、团结奋斗。

中华民族伟大复兴，绝不是轻轻松松、敲锣打鼓就能实现的。实现中华民族伟大复兴，要求我们不仅在物质上要强大起来，在精神上更要强大。如果精神懈怠，再好的前景也会落空，如果人心分散，再顺畅的道路也会坎坷。习近平总书记反复告诫，宣传工作是做人的工作的，人在哪儿，宣传工作的重点就在哪儿。我们要积极做好思想政治工作，旗帜鲜明坚持正确政治方向、舆论导向、价值取向，用

4　习近平：《论党的宣传思想工作》，中央文献出版社 2020 年版，第 339 页。

习近平新时代中国特色社会主义思想团结、凝聚亿万人民，充分阐释好中国共产党为什么“能”、马克思主义为什么“行”、中国特色社会主义为什么“好”，讲清楚我们辉煌成就背后的理论逻辑和制度原因，我们才能把广大人民凝聚到党的周围，巩固全党全国人民团结奋斗的共同思想基础。

三、育新人

宣传工作是做人的工作的，要把培养担当民族复兴大任的时代新人作为重要职责。育新人，就是要坚持立德树人、以文化人，建设社会主义精神文明、培育和践行社会主义核心价值观，提高人民思想觉悟、道德水准、文明素养，培养能够担当民族复兴大任的时代新人。[5]习近平总书记的这一重要论述深刻阐释了培养能够担当民族复兴大任时代新人的重要性，深刻回答了提高人民思想觉悟、道德水准、文明素养的科学方法论，是做好新形势下宣传工作的重要遵循。

培养时代新人工作的重中之重是要以坚定的理想信念筑牢精神之基，坚定对马克思主义的信仰，对社会主义和共产主义的信念，对中国特色社会主义道路、理论、制度、文化的自信。要强化教育引导、实践养成、制度保障，把社会主义核心价值观融入社会发展各方面，引导全体人民自觉践行。

培养时代新人要抓住青少年价值观形成和确定的关键时期，引导青少年扣好人生第一粒扣子。要广泛开展先进模范学习宣传活动，营造崇尚英雄、学习英雄、捍卫英雄、关爱英雄的浓厚氛围。培养时代

5　习近平：《论党的宣传思想工作》，中央文献出版社 2020 年版，第 339 页。

新人还要大力弘扬时代新风，加强思想道德建设，深入实施公民道德建设工程，加强和改进思想政治工作，推进新时代文明实践中心建设，不断提升人民思想觉悟、道德水准、文明素养和全社会文明程度。要弘扬新风正气，推进移风易俗，培育文明乡风、良好家风、淳朴民风，焕发乡村文明新气象。

四、兴文化

兴文化，即坚持中国特色社会主义文化发展道路，推动中华优秀传统文化创造性转化、创新性发展，继承革命文化，发展社会主义先进文化，激发全民族文化创新创造活力，建设社会主义文化强国。[6]习近平总书记把“兴文化”作为完成新形势下宣传工作的使命任务的关键加以强调，进一步凸显了文化工作在党的宣传工作中的重要地位作用，为提升文化工作的质量水平明确了努力方向和基本遵循。

文化是一个国家、一个民族的灵魂。文化兴则国运兴，文化强则民族强。没有高度的文化自信，没有文化的繁荣兴盛，就没有中华民族伟大复兴。中华民族不仅创造了灿烂文化，而且展现了非凡的文化自信。这种自信是更基础、更广泛、更深厚的自信，是更基本、更深沉、更持久的力量。然而，伴随着经济社会发展，出现了一些文化焦虑、精神滑坡、创作瓶颈等问题，在一定程度上制约了文化创新创造的繁荣动力与发展潜力。可以说，兴文化，既是要承续优秀文化的血脉与传统，又要破解当前文化发展面临的难题与困惑。不断提升社会的文化水准、不断凝聚国民的文化力量，这样的民族和国家才能汲取不竭的前行动力。

6 习近平：《论党的宣传思想工作》，中央文献出版社 2020 年版，第 339 页。

文化承载着民族发展的血脉，是构筑民族精神的基石，也是衡量一个国家软实力和综合国力的重要指标。一个强大的民族往往具有强烈的文化自信和民族尊严，从而增强民族凝聚力，使这个民族焕发出强烈的创造力。当今世界，综合国力的竞争表现在政治、军事、科技、文化等各个方面。文化软实力的提升，可以反过来助推硬实力的提升，维护国家安全和社会稳定，提高国家形象，促进人的全面发展。

五、展形象

习近平总书记指出，展形象，就是要推进国际传播能力建设，讲好中国故事、传播好中国声音，向世界展现真实、立体、全面的中国，提高国家文化软实力和中华文化影响力。[7]这一重要论述为新形势下开展宣传工作提供了重要遵循，为做好新形势下对外宣传工作指明了前进方向。

在全面对外开放的条件下做宣传工作，一项重要任务是引导人们更加全面客观地认识当代中国、看待外部世界。对我国传统文化，对国外的东西，要坚持古为今用、洋为中用，去粗取精、去伪存真，经过科学的扬弃后使之为我所用。习近平总书记强调，要不断提升中华文化影响力，把握大势、区分对象、精准施策，主动宣介新时代中国特色社会主义思想，主动讲好中国共产党治国理政的故事、中国人民奋斗圆梦的故事、中国坚持和平发展合作共赢的故事，让世界更好了解中国。中华优秀传统文化是中华民族的文化根脉，其蕴含的思想观念、人文精神、道德规范，不仅是我们中国人思想和精神的内核，对

---

7 习近平：《论党的宣传思想工作》，中央文献出版社 2020 年版，第 339 页。

解决人类问题也有重要价值。要把优秀传统文化的精神标识提炼出来、展示出来，把优秀传统文化中具有当代价值、世界意义的文化精髓提炼出来、展示出来。要完善国际传播工作格局，创新宣传理念、创新运行机制，汇聚更多资源力量。[8]

第二节 “五大使命任务”的核心要义

一、举旗帜，为国家立心、为民族立魂

越是思想文化相互激荡、价值观念多元多样，越要在千帆竞发中立主导、在百舸争流中立主流。参天之木，必有其根；怀山之水，必有其源。做好宣传工作，承担起“举旗帜”的使命任务，可谓基础中的基础、关键处的关键。

“举旗帜”的使命任务其实是坚持中国特色社会主义一以贯之的时代主题，这就是高举马克思主义、中国特色社会主义旗帜，推动习近平新时代中国特色社会主义思想深入人心、落地生根。党的十八大以来，中国取得的历史性成就和发生的历史性变革，为习近平新时代中国特色社会主义思想写下生动的实践注脚，这也是我们做好宣传工作最丰富的素材、最坚实的基础、最深厚的底气。只有把中国历史性飞跃背后的支撑力量讲清了，把民族复兴征程上的指导思想说透了，巩固马克思主义在意识形态领域的指导地位，巩固全党全国人民团结

8 习近平：《论党的宣传思想工作》，中央文献出版社 2020 年版，第 342 页。

奋斗的共同思想基础，宣传工作才算是完成了自己的使命任务。

思想是行动的先导，理论是实践的指南。高举马克思主义、中国特色社会主义旗帜，推动习近平新时代中国特色社会主义思想深入人心、落地生根，是当前宣传工作面临的首要政治任务。经历改革开放40多年的飞速发展，中国不仅书写了经济发展的“中国震撼”，更呈现着精神层面的“中国故事”。如果失去了思想导航和价值引领，那就会缺“心”少“魂”，最终迷失方向、失去命脉。正因此，建设具有强大凝聚力和引领力的社会主义意识形态，在学懂弄通做实习近平新时代中国特色社会主义思想上下功夫，正是要继续书写立心立魂的中国故事，夯实我们国家的价值基座、赓续我们民族的文明血脉，让“中国之所以为中国”的精神基因展现出更强大的魅力和更旺盛的生命力。

二、聚民心，振奋亿万人民精气神

新时代有新气象，更要有新作为。如何焕发新气象？如何激励新作为？在中华民族伟大复兴的关键时期，更加需要坚定自信、鼓舞斗志，更加需要同心同德、团结奋斗。“聚民心”作为做好新形势下宣传工作的重要使命任务，要唱响主旋律，壮大正能量，做大做强主流思想舆论，把全党全国人民士气鼓舞起来、精神振奋起来。善于把党的政策变为群众的行动，善于汇聚党心民意的合力，正是宣传工作的职责所在、使命所系。

把握好统一思想、凝聚力量这个宣传工作的中心环节，需要着重把握“聚民心”这个关键任务。从中共中央第一份机关报《向导》被赞誉为“黑暗中的一盏明灯”，到长征路上《红星报》成为“革命战争的一只有力喇叭”，再到改革开放初期宣传战线冲破桎梏促成全党全国拨乱反正、解放思想，宣传工作一直是我们党统一思想、凝聚力量的看家本领和制胜法宝。今天的中国，已行进到新的历史方位，正如负重攀爬、中流击水。往前方看，前景壮阔，风光无限；往脚下看，每一步前行，都需劈波斩浪、越障排险。当此之时，更需要宣传战线把聚民心的职责使命落到实处，焕发出亿万人民的龙马精神，才能凝聚起战胜一切风险挑战的强大合力，才能推动改革激流勇进、发展乘势而上。[9]

引领舆论最重要、最深刻也最艰难，心灵建设最宏伟、最高尚也最复杂。随着我国经济社会深刻变革、利益格局深刻调整，各种深层次矛盾和问题不断显现，社会热点表现出很多新的特点。一方面，社会热点往往与民生有关，特别是教育、社保、医疗、住房等与群众利益密切相关的领域；另一方面，如果不能正确加以引导，一些孤立事件和民生问题很可能经过网络传播成为舆论事件、意识形态事件甚至是群体性事件。这说明，落实好聚民心的职责使命，不是唱高调、说大话，而是要针对群众切身利益问题，既要解决实际问题也要解决思想问题，才能更好强信心、聚民心、暖人心、筑同心。

三、育新人，培养担当大任的时代新人

2019 年 3 月 18 日，习近平总书记在学校思想政治理论课教师座谈会上指出，办好思想政治理论课，最根本的是要全面贯彻党的教育方针，解决好培养什么人、怎样培养人、为谁培养人这个根本问题。新时代贯彻党的教育方针，要坚持马克思主义指导地位，贯彻新时代

9 《聚民心，振奋亿万人民精气神》，《人民日报》2018 年 08 月 30 日。

中国特色社会主义思想，坚持社会主义办学方向，落实立德树人的根本任务，坚持教育为人民服务、为中国共产党治国理政服务、为巩固和发展中国特色社会主义制度服务、为改革开放和社会主义现代化建设服务，扎根中国大地办教育，同生产劳动和社会实践相结合，加快推进教育现代化、建设教育强国、办好人民满意的教育，努力培养担当民族复兴大任的时代新人，培养德智体美劳全面发展的社会主义建设者和接班人。习近平总书记强调，青少年是祖国的未来、民族的希望。我们党立志于中华民族千秋伟业，必须培养一代又一代拥护中国共产党领导和我国社会主义制度、立志为中国特色社会主义事业奋斗终身的有用人才。在这个根本问题上，必须旗帜鲜明、毫不含糊。这就要求我们把下一代教育好、培养好，从学校抓起、从娃娃抓起。在大中小学循序渐进、螺旋上升地开设思想政治理论课非常必要，是培养一代又一代社会主义建设者和接班人的重要保障。[10]

每一代人有每一代人的长征路，每一代人都要走好自己的长征路。我们的事业任重道远，中国梦只有在一代代人的接力奋斗中才能变为现实。正因如此，习近平总书记把“育新人”作为宣传工作的一项重要使命任务，要求立德树人、以文化人，培养能够担当民族复兴大任的时代新人。培养怎样的时代新人，以及怎样培养时代新人，成为新形势下宣传工作的必答题。

伟大的时代需要伟大的精神作为支撑，伟大的事业需要与之同心同向的奋斗者为之奉献。培养担当民族复兴大任的时代新人，首先就是要以坚定的理想信念筑牢精神之基，让理想信念的灯塔驱散精神的迷雾、

10 习近平：《思政课是落实立德树人根本任务的关键课程》，《求是》2020 年第 17 期。

照亮精神的家园。从革命战争年代宣传鼓舞摆脱压迫、实现解放的抗争精神，到新中国成立后提出培养又红又专的社会主义建设者，再到改革开放时期倡导培育有理想、有道德、有文化、有纪律的“四有新人”，我们党始终重视培养契合时代需要的人才队伍。今天，中国特色社会主义进入新时代，面对实现高质量发展的愿景，面对打赢“三大攻坚战”的重任，面对人民群众对美好生活的期待，只有在思想觉悟、道德水准、文明素养等方面符合新时代要求，才能肩负起民族复兴的大任。[11]

四、兴文化，激发全民族文化创新创造活力

文化兴国运兴，文化强民族强。文化是一个国家和民族的灵魂，要坚持社会主义先进文化前进方向，把社会效益放在首位，举精神之旗、立精神支柱、建精神家园。文艺工作者要树立正确的历史观、民族观、国家观、文化观，自觉讲品位、讲格调、讲责任，自觉遵守国家法律法规，加强道德品质修养，抵制低俗庸俗媚俗，用健康向上的文艺作品陶冶情操、启迪心智、引领风尚。受众在哪里，文化创作就要延伸到哪里。互联网时代，要繁荣发展网络文艺，推出更多健康优质的网络文艺作品，形成积极向上的网络审美情趣，更好满足人们多元多样的文化需求。[12]

着经济社会发展，人们对公共文化服务提出了更高要求，加快构建现代公共文化服务体系、提升服务质量势在必行。要推动公共文化

11《育新人，培养担当大任的时代新人——自觉承担新形势下宣传思想工作使命任务》，《人民日报》2018 年 9 月 6 日。

12 习近平：《论党的宣传思想工作》，中央文献出版社 2020 年版，第 102 页。

服务标准化、均等化，坚持政府主导、社会参与、重心下移、共建共享，完善公共文化服务体系，提高基本公共文化服务的覆盖面和适用性，打通公共文化服务“最后一公里”，让广大人民群众享受到更多优质公共文化服务。

文化的繁荣兴盛离不开文化产业的发展壮大。近年来，文化市场主体不断发展，电影票房纪录不断刷新，文化投融资体制改革带来乘数效应，文化产业展现出蓬勃生机和活力。进入新时代，坚定不移将文化体制改革引向深入，壮大各类文化市场主体，培育新型文化业态和文化消费模式，必将不断激发文化创新创造活力，以高质量文化供给增强人们的文化获得感、幸福感，书写建设社会主义文化强国的新篇章。

五、展形象，讲好中国故事、传播好中国声音

中国特色社会主义进入新时代，国际社会对中国发展的关注、认同与日俱增，但“中国威胁论”“中国崩溃论”等噪音杂音依然存在。面对新形势、新任务，唯有把握大势、区分对象、精准施策，才能讲好中国故事，让世界深入了解中国，为我国发展营造良好国际环境。随着中国日益走近世界舞台中央，中国与世界深度融合、相互激荡，讲好中国故事，传播好中国声音，向世界展现真实、立体、全面的中国，是宣传战线的重要使命任务。

党的十八大以来，全面深化改革风生水起，全面从严治党激浊扬清，中国经济发展亮点纷呈，中国与世界的互利合作不断推进，亿万中国人民埋头苦干，为讲好中国故事提供了更多更新的鲜活素材。讲好中国故事，就是要主动宣介习近平新时代中国特色社会主义思想，主动讲好中国共产党治国理政的故事、中国人民奋斗圆梦的故事、中

国坚持和平发展合作共赢的故事，加深世界对中国共产党执政理念的了解，增强各国对当代中国改革发展的认识，生动展现一个和平发展、多姿多彩、文明进步的中国。

讲好中国故事，既是责任担当，也要遵循规律、改革创新。要积极创新宣传理念、话语体系、运行机制，拓展传播渠道、方式方法，提高专业化精准化水平，完善国际传播工作格局，汇聚更多资源力量，把“我们想讲的”变成“受众想听的”，把“受众想听的”融进“我们想讲的”，让外宣工作更具创造力、感召力、影响力。习近平总书记强调：“我们有本事做好中国的事情，还没有本事讲好中国的故事？我们应该有这个信心！”[13] 新形势下，担当职责使命、锤炼能力本领，宣传思想战线定能让中国故事精彩讲述、让中国形象深入人心，不断提高国家文化软实力和中华文化影响力，为服务党和国家事业发展作出更大贡献。

第三节 “五大使命任务”的实践要求

一、“五大使命任务”的关系定位

“举旗帜、聚民心、育新人、兴文化、展形象”这五大使命任务，是新形势下宣传战线的光荣职责，是在新的历史起点上开创宣传工作

13 中共中央宣传部：《习近平新时代中国特色社会主义思想学习问答》，学习出版社、人民出版社 2021 年版，第 328 页。

新局面的根本要求，需要我们时刻牢记、努力践行。对“五大使命任务”的性质定位可以从以下三方面加以把握：

1. 在认识上，要从党和国家工作的大局去把握，从中华民族伟大复兴的进程去审视，从我国社会主要矛盾变化、人民群众新期待的角度去认识，深刻理解其历史必然性和极端重要性。

2. 在关系上，要看到五个方面不是简单并列关系，而是相辅相成、相互促进的有机整体，在实践中不能顾此失彼、只抓其一不顾其他，而要注重协同性、关联性、整体性，从而贯通起来把握，结合起来推进。

3. 在实践上，要增强责任感和紧迫感，对照要求找差距、补短板、强弱项，不断增强本领能力，以坚定者、奋进者、创新者的姿态推动工作不断开创新局面。[14]

二、“五大使命任务”的实践要求

完成举旗帜、聚民心、育新人、兴文化、展形象的使命任务，既有“守正”的要求，也有“创新”的课题。在关系上，“守正”与“创新”是辩证统一的。坚持“守正”，“创新”才能有明确的立场和指向；不断“创新”，“守正”才能获得活力源泉和动力根基。[15]

1. **举旗帜的实践要求**。旗帜问题至关重要，中国特色社会主义是历史的选择、人民的选择，举起中国特色社会主义旗帜，走上中国特色社会主义道路，绝不是偶然的，而是近代以来中国人民不懈探索、

14《肩负起时代赋予的使命任务——论学习贯彻习近平总书记在全国宣传思想工作会议重要讲话精神》，《人民日报》2018 年 8 月 29 日。

15《守正创新推动宣传思想工作不断强起来——论学习贯彻习近平总书记在全国宣传思想工作会议重要讲话精神》，《人民日报》2018 年 9 月 4 日。

奋斗和比较的必然结果。今天，必须更高地举起马克思主义、中国特色社会主义的旗帜，坚持不懈用习近平新时代中国特色社会主义思想武装全党、教育人民、推动工作，在学懂弄通做实上下功夫，推动当代中国马克思主义、二十一世纪马克思主义深入人心、落地生根。对此，必须要坚持思想建党、理论强党，坚持学思用贯通、知信行统一，推动广大党员干部全面系统学、深入思考学、联系实际学，不断增强“四个意识”、坚定“四个自信”、做到“两个维护”，筑牢信仰之基、补足精神之钙、把稳思想之舵。

2. **聚民心的实践要求**。民心即是党心，得民心者得天下。经风历雨，不屈不挠，中国共产党所以能够走过百余年的风雨征程，发展成为今天有着9600多万党员的大党，能够让中华民族站起来、富起来、强起来，根本的一条，就是有广大人民的同心同德。今天，在新的历史时期，实现民族振兴崛起，尤须凝聚民心，牢牢把握正确舆论导向，唱响主旋律，壮大正能量，做大做强主流思想舆论，把全党全国人民士气鼓舞起来、精神振奋起来，坚定信念跟党走，朝着党中央确定的宏伟目标团结一心向前进。

3. **育新人的实践要求**。宣传工作本质是做人的工作，所以，必须要坚持立德树人、以文化人，建设社会主义精神文明、培育和践行社会主义核心价值观，提高人民思想觉悟、道德水准、文明素养，培养能够担当民族复兴大任的时代新人。长江后浪推前浪，民族复兴需要一代人又一代人的担当和接续努力，需要一代更比一代强。培养能够有担当的时代新人，是新时期宣传工作最迫切、最重要的任务，丝毫不能怠慢。青年关系国家前途、民族未来。要抓住青少年价值观形成和确定的关键时期，引导青少年扣好人生第一粒扣子，从现在做起、从自己做起，使社会主义核心价值观成为为人处世的基本遵循，在时代大潮中建功立业，用奋斗成就有价值的人生。

4. **兴文化的实践要求**。文化是软实力，建设中国特色社会主义现代化强国，必须以经济硬实力为支撑，但文化软实力丝毫不可忽视。五千年中国历史文化绵延不绝，未曾中断，这是世界的奇迹，也是中华民族历史文化的奇迹，今天坚持中国特色社会主义文化发展道路，就是要传承民族历史文化传统，更加推动中华优秀传统文化创造性转化、创新性发展，继承革命文化，发展社会主义先进文化，激发全民族文化创新创造活力，建设社会主义文化强国，以文化软实力的增强，促进经济发展、社会进步、民族振兴、国家富强。

5. **展形象的实践要求**。新中国走过了70多年的历程，如今政治经济文化全面发展，全面走向世界，正走向世界大舞台的中央。可说，今天的世界离不开中国，中国更需要世界，建设“人类命运共同体”，中国需要更担当，也需要世界更认识中国。因此，做好宣传工作，对中国进一步改革开放、走向世界来说尤为重要，必须要大力推进国际传播能力建设，将最美的中国故事、最好听的中国声音，传播给世界，向世界展现真实、立体、全面的中国，提高国家文化软实力和中华文化影响力，提高全国各族人民实现民族复兴的信心。

第六讲

建设具有强大凝聚力和引领力的社会主义意识形态

意识形态关乎旗帜、关乎道路、关乎国家政治安全。建设具有强大凝聚力和引领力的社会主义意识形态，是全党特别是宣传战线必须担负起的一个战略任务。习近平总书记把意识形态工作放在新时代宣传工作的首要位置，深刻论述了做好这项工作的重大意义、重点任务和方法路径，为我们在新形势下牢牢掌握意识形态工作领导权，明确了方向目标，提供了根本遵循。

第一节　意识形态工作是党的一项极端重要的工作

一、做好意识形态工作是我们党的政治优势和优良传统

从马克思、恩格斯到列宁、斯大林，再到毛泽东，这些马克思主义思想家和革命导师都认识到了意识形态工作的重要性。习近平总书记不仅特别强调“意识形态工作是党的一项极端重要的工作”，而且提出了一系列理论、思想，并采取了诸多有力举措，把对意识形态工作的重视提升到了一个新的历史高度。“意识形态工作是党的一项极端重要的工作”这一重要论断，标志着党对意识形态工作的重视达到了更高水平、更深层级，是对马克思主义意识形态理论的进一步继承、发展和创新。鉴于意识形态工作和宣传工作的重要性，中国共产党从成立之日起，就把这项工作摆在了全党工作的突出位置，在革命、建设、改革年代开展了形式多样、卓有成效的意识形态工作，积累了丰富的历史经验。

党的十八大以来，习近平总书记高度重视意识形态工作的正本清源、凝魂聚气作用，发表了一系列重要讲话，深刻阐明了意识形态工作引领社会、凝聚人心、推动发展的强大支撑作用，指出了意识形态工作对党、对国家、对民族的根本性、战略性、全局性意义。习近平总书记围绕意识形态作的一系列重要论述，内涵丰富，思想深刻，深刻回答了新的历史条件下意识形态工作涉及的重大理论和现实问题，

提出一系列新的理念、思路和举措，是指导新时期意识形态工作的纲领性文件，是做好新形势下意识形态工作的科学指南，是习近平新时代中国特色社会主义思想在意识形态工作问题上的集中体现。

在2013年全国宣传思想工作会议上，习近平总书记振聋发聩地指出，经济建设是党的中心工作，意识形态工作是党的一项极端重要的工作。能否做好意识形态工作，事关党的前途命运，事关国家长治久安，事关民族凝聚力和向心力。[1]因此，必须把意识形态工作的领导权、管理权、话语权牢牢掌握在手中，任何时候都不能旁落。这是党中央着眼加强党对意识形态工作的领导、维护意识形态安全作出的重大决策部署和重要制度安排，也是我党一以贯之的优良政治传统。

在整个社会生活之中，意识形态不仅体现着社会的价值导向，标志着社会的文明程度，而且通过观念、权力、技术等多方面要素的相互作用，构成影响时代舆论走向和营造社会精神氛围的重要因素。改革开放40多年来，我国经济社会飞速发展，人民生活水平大幅度提高，整个社会逐渐步入文明进步。但巩固党的群众基础和执政基础，应该包括物质和精神两方面，并非是物质生活好就水到渠成了。只注重物质文明建设，不重视精神文明建设，忽略精神力量引领社会、凝聚人心、推动发展的强大支撑作用，就会在精神上丧失群众基础，物质文明建设最终也搞不好。只有物质文明建设和精神文明建设都搞好，国家物质力量和精神力量都增强，全国各族人民物质生活和精神生活都改善，中国特色社会主义事业才能顺利向前推进。

1　习近平：《论党的宣传思想工作》，中央文献出版社2020年版，第14页。

改革开放40多年来，与物质文明建设取得巨大成就形成鲜明反差的是，一少部分人的精神困惑、思想迷茫和道德失范，在思想道德领域出现了各种各样的不道德、不文明的现象和问题，意识形态工作面临着异常复杂的形势。改革发展时期，往往是思想最活跃的时期，也是意识形态斗争最激烈的时期。我们在集中精力进行经济建设的同时，一刻也不能放松和削弱意识形态工作。越是在经济社会发展的转型期、矛盾凸显期，越是在改革攻坚克难的关键时刻，越是需要加强意识形态工作，正本清源、激浊扬清，统一思想、凝聚共识，为经济社会发展提供坚强的思想政治保证，为党和国家事业提供强大的精神动力支撑。

从革命年代靠“枪杆子”和“笔杆子”闹革命，到改革开放以来物质文明和精神文明“两手抓、两手都要硬”，再到新时代“不仅要在物质上强大起来，而且要在精神上强大起来”，我们党始终高度重视和善于做好意识形态工作。各级党委（党组）落实好主体责任，全党上下一起动手参与，不断增强社会主义意识形态的凝聚力和引领力，就一定能巩固党的群众基础、筑牢党的执政基础，汇聚起实现民族复兴的强大正能量，这正是社会主义制度的优越性所在。党的十八大以来，党和国家事业之所以取得历史性成就、发生历史性变革，一个很重要的原因，就是以习近平同志为核心的党中央充分发挥意识形态工作所具有的引领社会、凝聚人心、推动发展的强大支撑作用，坚持用习近平新时代中国特色社会主义思想武装全党、教育人民，坚持培育和践行社会主义核心价值观，团结带领全党全国各族人民共同奋斗，迸发出同心共筑中国梦的磅礴力量。

二、意识形态工作的内涵及其极端重要性的体现

一个国家，一个民族，要同心同德迈向前进，必须有共同的理想信念作支撑。意识形态工作是党的一项极端重要的工作，是为国家立心、为民族立魂的工作。习近平总书记指出，意识形态工作关乎旗帜、关乎道路、关乎国家政治安全。[2]要把意识形态工作领导权和管理权牢牢掌握在手中，不断巩固马克思主义在意识形态领域的指导地位，巩固全党全国人民团结奋斗的共同思想基础。

社会主义意识形态是与社会主义的基本经济制度和政治制度相适应的、以马克思主义为根本指导、体现着社会主义制度本质要求的思想意识观念体系。作为执政党、国家和民族的政治目标导向和社会价值追求，意识形态工作关系到举什么旗帜、走什么道路、坚持什么理论、建立什么制度等重大政治方向问题。习近平总书记将党的意识形态工作提升到“极端重要”程度，是对意识形态工作重要地位和作用的新表达、新概括、新论断，表明了中国共产党对意识形态工作认识上的升华和理论上的创新。

巩固马克思主义在意识形态领域的指导地位，巩固全党全国人民团结奋斗的共同思想基础，这“两个巩固”集中指明了当前意识形态工作的根本任务和着力方向。意识形态工作的“极端重要”意味着，包括理论武装工作、新闻舆论工作、精神文明建设、文化文艺工作等在内的党的意识形态工作，是党的事业中带有根本性、战略性、全局性、关键性的工作。这项工作能否做好，事关党和国家前途命运，直接影

2 《习近平关于社会主义文化建设论述摘编》，中央文献出版社 2017 年版，第 35 页。

响着中国特色社会主义建设的成败与否。

改革攻坚期、社会转型期，亦是矛盾凸显期。随着我国经济社会发生重要变革、经济发展格局深刻调整，各种深层次情况和新问题不断显现，社会热点表现出很多新的特点。如果失去了思想导航和价值引领，那就会缺“心”少“魂”，最终迷失方向、失去命脉。越是思想文化相互激荡、价值观念多元多样，越要在千帆竞发中立主导、在百舸争流中立主流，不断增强社会主义意识形态的凝聚力和引领力。

经济建设是党的中心工作，意识形态工作是党的一项极端重要的工作。在经济基础和上层建筑的辩证关系中，经济基础决定上层建筑，上层建筑反作用于经济基础，属于上层建筑范畴的意识形态工作必然对经济基础具有重要的影响。党的中心工作与意识形态工作相辅相成，既不能因为经济建设搞得好就忽视加强意识形态工作，也不能因为意识形态工作极端重要而偏离以经济建设为中心的大方向。“只有物质文明建设和精神文明建设都搞好，国家物质力量和精神力量都增强，全国各族人民物质生活和精神生活都改善，中国特色社会主义事业才能顺利向前推进。”[3]党的二十大报告也专门强调，中国式现代化是物质文明和精神文明相协调的现代化。物质富足、精神富有是社会主义现代化的根本要求。物质贫困不是社会主义，精神贫乏也不是社会主义。我们不断厚植现代化的物质基础，不断夯实人民幸福生活的物质条件，同时大力发展社会主义先进文化，加强理想信念教育，传承中

3《习近平谈治国理政》，外文出版社 2014 年版，第 153 页。

华文明，促进物质的全面丰富和人的全面发展。[4]

意识形态工作要实现“巩固马克思主义在意识形态领域的指导地位，巩固全党全国人民团结奋斗的共同思想基础”这一根本任务，最根本的是要把经济搞上去。只有经济建设搞上去了，广大人民群众的物质生活水平得以改善和提高,马克思主义的优越性才能在实践中得以验证，党执政的物质基础才能得以真正巩固，社会主义制度的优越性才能得以充分体现，意识形态工作的说服力、感召力和实际效果才有可能得以增强。如果没有经济的发展，没有国家强大的物质基础，没有扎扎实实的发展成果，没有人民生活的不断改善，空谈理想信念，空谈思想道德建设，意识形态工作就难以取得好成效，就缺乏强大的现实说服力。

意识形态工作所具有的正确引导、鼓舞动员、舆论保证、凝心聚力的作用，是党的任何工作取得成功的关键所在。只有经济建设不断取得成就，人民群众生活水平不断提高，意识形态工作才有坚实的物质基础和技术支持；只有切实抓好意识形态工作，中心工作才有思想保证，才能形成引领社会、凝聚人心、推动发展的强大精神动力。所以，只有深刻把握经济工作与意识形态工作的辩证关系，把抓意识形态作为建设社会主义现代化强国的重要抓手，在集中精力进行经济建设的同时，脚踏实地做好意识形态工作，才能为统筹推进“五位一体”总体布局、协调推进“四个全面”战略布局，提供坚固的民心支撑和坚强的思想保障。

4 习近平：《高举中国特色社会主义伟大旗帜 为全面建设社会主义现代化国家而团结奋斗——在中国共产党第二十次全国代表大会上的报告》，《人民日报》2022年10月26日。

三、牢牢掌握意识形态工作领导权和话语权

从党的建设和发展历史来看，始终把握党对意识形态领域的领导权和话语权，始终保持对意识形态领域的主导性影响，是捍卫意识形态主阵地、维护国家和社会安定和谐的关键所在。

在我国社会转型发展和对外开放不断扩大的条件下，随着多元思潮、多样文化的不断涌入，我国当前的意识形态领域发生了很大变化，但意识形态工作的“两个巩固”根本任务没有变，也不可能变。马克思主义是我国多年发展过程中的主流意识形态，其指导地位是历史和人民的选择。在思想上坚持马克思主义，不仅要求我们在理论上准确把握马克思主义的思想内涵，而且要求我们把马克思主义立场、观点、方法贯穿于意识形态工作的各方面、全过程，坚持用科学理论武装全党、教育人民、指导工作，真正把马克思主义作为看家本领。

传播力决定影响力，话语权决定主动权，透明度决定公信度。从国家治理的层面看，话语权主要是指传播能力或引导能力。从国际关系来讲，话语权属于国家软实力的范畴，是评判一个国家信誉度、认同度和影响力的重要标准。做好意识形态工作，就是要面向社会发展格局变革与多元化的舆论生态，牢牢把握意识形态工作的主动权，使主流意识形态在舆论场中居于主导地位。国际社会对我国的关注前所未有，但中国在世界的形象很大程度上仍是“他塑”而非“自塑”，我们在国际上有时还处于“有理说不出、说了传不开”的境地，存在着信息流进流出的“逆差”、中国真实形象和西方主观印象的“反差”、

软实力和硬实力的“落差”。[5]做好意识形态工作，就是要面向媒体格局变革与舆论多元的生态，牢牢把握舆论工作的主动权，使主流意识形态在舆论场中居于主导地位。在新形势下，我们需要更加敏锐、更加充分地把握时代变化赋予的机会和条件，主动发出自己的声音。这既有助于增强我们自身话语的主动权和影响力，也有助于推动国际舆论更为真实、均衡地反映世界发展趋向。[6]

四、新时代意识形态工作的新特点新要求

旗帜指引方向，道路决定命运。意识形态涉及的都是原则性、战略性和根本性问题，涉及党治国理政、管党执政的合法性和正当性，涉及中国特色社会主义事业的方向性和导向性。我们所推进的事业是在中国共产党领导下的中国特色社会主义伟大事业，在指导思想、基本原则和根本宗旨上与西方资本主义国家有着本质性区别。从意识形态角度来看，要高举旗帜，坚定道路，维护好国家政治安全，就必须始终坚持管党意识形态原则。习近平总书记指出：“所有宣传思想部门和单位，所有宣传思想战线上的党员、干部都要旗帜鲜明坚持党性原则。”[7]坚持党性原则的核心就是坚持正确的政治方向，站稳政治立场，坚决同党中央保持高度一致，坚决维护中央权威。治国理政的首要问题就是举什么旗、走什么路的问题，在这个问题上，一定要政治态度鲜明、政治立场坚定、政治认识清醒，高举中国特色社会主义旗

5 王树成：《争取国际话语权是我们这一代媒体人的使命》，《人民日报》2016 年 12 月 29 日。

6 傅莹：《在讲好中国故事中提升话语权》，《人民日报》2020 年 04 月 02 日。

7 习近平：《论党的宣传思想工作》，中央文献出版社 2020 年版，第 15 页。

帜不含糊，坚定中国特色社会主义道路不动摇，以对党和人民事业负责的态度牢牢掌握意识形态工作的领导权、管理权、话语权。

意识形态是立党立国之基石，关乎旗帜、道路，关乎稳定、安全，关乎政权、主权。因此，意识形态建设从来都是国家安全、民族团结、社会稳定的关键因素。党中央一直把意识形态建设作为治国理政的基础工程、重大战略和重要内容，将意识形态工作摆在全局工作突出位置进行谋划和部署。习近平总书记先后在全国宣传思想工作会议和文艺工作座谈会、党的新闻舆论工作座谈会、网络安全和信息化工作座谈会、哲学社会科学工作座谈会、全国高校思想政治工作会议等重要会议上发表一系列重要讲话，深刻阐明了意识形态工作的一系列方向性、根本性、全局性的重大问题，为我们做好意识形态工作指明了前进方向、提供了根本遵循。

1. **将意识形态建设与国家治理体系与治理能力现代化紧密结合**。党的十八届三中全会提出的全面深化改革的总目标，就是完善和发展中国特色社会主义制度、推进国家治理体系和治理能力现代化。其中，完善和发展中国特色社会主义制度是全面深化改革的根本前提，推进国家治理体系和治理能力现代化是全面深化改革的本质体现，而完善和发展中国特色社会主义制度、坚持中国特色社会主义道路是树立“四个自信”的核心内容，是意识形态建设的根本要求。因此，意识形态建设和国家治理体系和治理能力现代化息息相关、紧密相连。从相互关系上看，国家治理体系和治理能力现代化是意识形态现代化的核心内容。意识形态现代化是国家治理体系和治理能力现代化的本质体现。一个国家选择什么样的治理体系，是由这个国家的历史传承、文化传统、经济社会发展水平决定的，是由这个国家的人民决定的。我国今天的国家治理体系，是在我国历史传承、文化传统、经济社会发展的基础上长期发展、渐进改进、逐步演化的结果。为了推进国家治理体系和治理能力现代化步伐、推动中国特色社会主义制度更加成熟，需要不断革除体制机制弊端，给党的事业发展、国家长治久安提供一整套更完备、更稳定、更管用的制度体系。制度背后是文化，国家治理体系现代化表面上是制度的现代化，背后是治理文化的现代化，最深层的是意识形态的现代化。只有治理意识、治理观念、治理文化现代化了，治理方式、治理手段、治理制度才会现代化。因此，国家治理体系和治理能力现代化最终要靠国家治理文化、治理观念的现代化才能实现，而治理文化、治理观念现代化本身就是意识形态现代化的重要内容和外在体现。

2. **将意识形态建设与党的建设紧密结合**。思想建设是党的基础性建设。在新形势下加强党的思想建设，最根本的是用习近平新时代中国特色社会主义思想统一思想、稳定人心、凝聚共识。思想建党的核心在于突出政治性，注重思想教育，不断加强理想信念和党性教育，使广大党员保持对共产主义信仰和中国特色社会主义信念的忠诚。而意识形态工作的根本任务则是巩固马克思主义在意识形态领域的指导地位，巩固全党全国人民团结奋斗的共同思想基础。因此，从内容、要求和根本任务上看，意识形态建设和思想建党本质上是统一的，二者共同统一于以马克思主义为指导的中国特色社会主义建设事业。正是看到了意识形态建设和思想建党之间的内在关联性，所以，党的十八大以来，意识形态建设的一个显著特征是将意识形态建设与思想建党紧密结合：进行意识形态建设，最根本的一条就是始终坚持马克思主义指导地位永不动摇，而思想建党最重要的一条就是坚持用马克思主义哲学教育和武装全党。从党不断发展壮大的经验来看，注重从思想上建党是意识形态建设的基本原则和根本要求，也是党的十八大以来管党治党的鲜明特征和首要任务。2012 年 11 月 17 日，习近平总书记在十八届中共中央政治局第一次集体学习时的讲话中强调，理想信念就是共产党人精神上的“钙”，没有理想信念，理想信念不坚定，精神上就会“缺钙”，就会得“软骨病”，要坚持不懈地用中国特色社会主义理论体系武装党员干部、教育人民群众。[8]党的十八届六中全会审议通过了《关于新形势下党内政治生活的若干准则》和《中国共产党党内监督条例》，明确提出“必须高度重视思想政治建设，把坚定理想信念作为开展党内政治生活的首要任务”，把思想建设摆在党的建设首要位置，对思想建党作出了重要部署，对思想建党的原则、内容、要求作出了明确规定。这些重大决策部署既是意识形态建设的根本要求，也是思想建党的重要内容。

3. **将意识形态建设与全面从严治党紧密结合**。当前，我国正处于经济社会改革发展的转型期和攻坚期，各种社会思想此起彼伏，各种社会矛盾叠加碰撞，主流意识形态面临着日益严峻的挑战。一些党员干部理想信念不坚定，一些腐朽落后的思想文化沉渣泛起，甚至一些人故意迎合西方敌对势力，宣扬西方错误思潮，同我党争夺意识形态的话语权、影响力。针对这种情况，2016 年 10 月 24 日，习近平总书记在十八届六中全会上发表重要讲话，对全面从严治党作出重大部署和制度安排，明确要求全党要“进一步做好党和国家各项工作，特别是要切实做好思想理论准备工作、组织准备工作、经济社会发展工作、

8 《习近平谈治国理政》，外文出版 2014 年版，第 15 页。

意识形态工作”。贯彻落实党的十八届六中全会精神，一个根本要求就是牢固树立政治意识、大局意识、核心意识、看齐意识，坚定不移维护党中央权威和党中央集中统一领导，自觉在思想上政治上行动上同以习近平同志为核心的党中央保持高度一致，增强党的向心力、凝聚力、战斗力。因此，党的十八届六中全会对全面从严治党提出的新要求就是，全体党员干部要紧密团结在以习近平同志为核心的党中央周围，自觉增强“四个意识”，切实加强意识形态工作，坚定不移推进全面从严治党，确保党团结带领人民不断开创中国特色社会主义事业新局面。旗帜鲜明讲政治，首要的就是坚持党的领导，把加强党的领导贯穿于讲政治的全过程，把严守政治纪律和政治规矩摆在首要位置，不公开发表违背中央决定的言论，不散布违背党的理论和路线方针政策的意见。这既是意识形态建设的重要内容，也是坚持全面从严治党、增强“四个意识”的内在要求。

第二节　必须持续加强理论武装工作

建设具有强大凝聚力和引领力的社会主义意识形态，必须持续加强理论武装工作。理论创新决定了意识形态的活力，理论武装是意识形态工作的关键性决定因素。党和国家指导思想在我国社会主义意识形态中占据统摄地位。加强理论武装，就要做好做强马克思主义宣传教育工作，特别是要在学懂弄通做实习近平新时代中国特色社会主义思想上下功夫，更好统一全党全国各族人民思想和行动；就要把坚定“四个自信”作为建设社会主义意识形态的关键，讲清楚辉煌成就背后的理论逻辑、制度优势，增强广大干部群众信心和底气；就要坚持马克思主义在我国哲学社会科学领域的指导地位，把研究回答新时代重大理论和现实问题作为主攻方向，建设具有中国特色、中国风格、中国气派的哲学社会科学。

一、做好做强马克思主义宣传教育工作

做好做强马克思主义宣传教育工作，特别是要在学懂弄通做实习近平新时代中国特色社会主义思想上下功夫，更好地统一全党全国各族人民思想和行动，进一步巩固马克思主义在意识形态领域的指导地位，巩固全党全国人民团结奋斗的共同思想基础。党员、干部要坚定马克思主义、共产主义信仰，脚踏实地为实现党的理论和路线方针政策而不懈努力，扎扎实实做好每一项工作，起到党员、干部应有的带头作用和模范作用，在走好新的赶考之路中取得优异成绩。领导干部特别是高级干部要把系统掌握马克思主义基本理论作为看家本领，认真学习马克思列宁主义、毛泽东思想、邓小平理论、“三个代表”重要思想、科学发展观、习近平新时代中国特色社会主义思想。党校（行政学院）、干部学院、社会科学院、高校、理论学习中心组等都要把马克思主义作为必修课，成为马克思主义学习、研究、宣传的重要阵地。党员领导干部尤其要抓好理论与实践相结合的学习，学会运用马克思主义立场、观点、方法观察和解决问题，坚定理想信念、练就过硬本领。

二、坚定“四个自信”

2019 年 4 月，习近平总书记在重庆调研时强调，要围绕中国共产党为什么“能”、马克思主义为什么“行”、中国特色社会主义为什么“好”等重大问题，广泛开展宣传教育，加强思想舆论引导，坚定广大干部

群众对中国特色社会主义的道路自信、理论自信、制度自信、文化自信，进一步激发全体人民爱党、爱国、爱社会主义的巨大热情。[9]面对意识形态领域的新形势新挑战新机遇，我们如何站在新的历史起点上，切实加强党对社会主义意识形态工作的领导，牢固树立马克思主义、特别是习近平新时代中国特色社会主义思想在意识形态领域的指导地位，有效维护国家的意识形态稳定和政治稳定、经济发展稳定，实现党和国家长治久安，实现新时代中国特色社会主义伟大事业稳步前进，关键是要坚定“四个自信”，建设具有强大凝聚力和引领力的社会主义意识形态。

第一，坚定“四个自信”是建设具有强大凝聚力和引领力的社会主义意识形态的基本要求。建设具有强大凝聚力和引领力的社会主义意识形态，最根本的是要高举中国特色社会主义伟大旗帜，使全党和全国各族人民对中国特色社会主义道路、理论、制度和文化高度自信。首先，坚定“四个自信”就是坚信中国特色社会主义是最适合中国发展的政治体制和发展模式。中国具有5000年的悠久历史和灿烂的文化，独特的历史、独特的国情、独特的文化，决定了中国的发展必须走出自己的道路。其次，坚定“四个自信”就是坚信中国特色社会主义是当代中国最正确的历史选择和现实需要。改革开放40多年来，中国共产党将马克思列宁主义与中国实际和时代特征紧密结合，在坚持中国共产党领导的前提下，我国进行了一系列政治、经济、社会、文化、

9 《习近平在重庆考察并主持召开解决“两不愁三保障”突出问题座谈会时强调 统一思想一鼓作气顽强作战越战越勇 着力解决“两不愁三保障”突出问题》，《人民日报》2019年04月18日。

社会、生态文明、党的建设、国防和军队建设等方面的渐进式改革。这些改革尽管遇到来自各方面的阻力与挑战，但随着各种具有全局性、根本性、合理性的制度逐步建立健全，有力地促进了生产力的解放与发展，促进了国家治理体系和治理能力的完善和提升。第三，坚定“四个自信”，党的领导是根本、是关键。坚持党对社会主义意识形态的领导，既是坚定“四个自信”的内在要求，也是中国特色社会主义的本质要求，是中国特色社会主义制度优势的重要体现，事关党和国家的前途和命脉，更是国家长治久安所在，人民的利益和幸福所在。[10]

第二，坚定“四个自信”是夯实“两个巩固”根本任务的本质要求。建设社会主义意识形态的核心是打好“两个巩固”的根基。“两个巩固”是建设社会主义意识形态的根本任务，是建设具有强大凝聚力和引领力的社会主义意识形态的灵魂和方向，也为我们提供了具体指引。巩固马克思主义在意识形态领域的指导地位，是中国共产党治国理政的内在要求和鲜明特色。坚持把马克思主义作为行动指南不动摇，是对中国革命、建设与改革以及社会主义意识形态建设经验和教训的深刻总结，也是全党全国人民团结一致、始终沿着正确方向前进的根本思想保证。巩固全党全国人民团结奋斗的共同思想基础，本质上就是要巩固全党全国人民中国特色社会主义的共同理想，这是坚定“四个自信”的本质要求。习近平总书记指出：“方向决定道路，道路决定命运。中国特色社会主义不是从天上掉下来的，是党和人民历尽千辛万苦、付出巨大代价取得的根本成就。中国特色社会主义，既

10 王明生：《论“四个自信”与意识形态安全——坚定“四个自信”与新时代意识形态建设的内在逻辑关系研究》，《人民论坛·学术前沿》2019 年第 2 期。

是我们必须不断推进的伟大事业，又是我们开辟未来的根本保证。”[11]改革开放40多年来社会主义意识形态建设的实践表明，只有坚定“四个自信”，才能巩固马克思主义在意识形态领域的指导地位，才能巩固全党全国人民团结奋斗的共同思想基础。如果在坚定“四个自信”问题上发生思想偏差和动摇，“两个巩固”的根本任务就会成为水中花、镜中月，经济建设和意识形态工作就会成为无源之水、无本之木。在这个问题上，必须要保持高度的政治清醒和政治自觉。

第三，坚定“四个自信”是维护社会主义意识形态安全的必然选择。坚定“四个自信”作为建设社会主义意识形态的关键，就是坚持中国特色社会主义道路不动摇，坚持党对一切工作的领导，坚持党的基本理论、基本路线和基本方略不动摇，统筹“五位一体”的总体布局，协调推进“四个全面”的战略布局，贯彻落实新发展理念，坚持以人民为中心的发展思想，站稳改革立场、把握改革方向、保持改革动力、弘扬改革开放精神；就是坚持用中国特色社会主义理论体系，尤其是用习近平新时代中国特色社会主义思想化解社会分歧，凝聚社会共识，熔铸共同理想；就是坚持发挥中国特色社会主义制度的特点和优势，聚精会神搞建设、一心一意谋发展，调动一切积极因素，形成发展的强大合力，构建系统完备、科学规范、运行有效的制度体系，从而激发全体人民自觉进行伟大斗争，建设伟大事业、推进伟大工程、实现伟大梦想的积极性、主动性与创造性；就是要坚持中国特色社会主义文化发展道路，推动社会主义文化繁荣兴盛，建设社会主义文化强国，

11 习近平：《在庆祝中国共产党成立95周年大会上的讲话》，《人民日报》2016年07月02日。

建设具有强大凝聚力和引领力的社会主义意识形态。

三、坚持马克思主义在我国哲学社会科学领域的指导地位

哲学社会科学是人们认识世界、改造世界的重要工具，是推动历史发展和社会进步的重要力量。中国共产党历来重视哲学社会科学，在推进中国革命建设改革、实现社会繁荣富强的历史进程中，哲学社会科学发挥了不可替代的重要作用。在新的历史起点上，在为坚持和发展中国特色社会主义而进行的实践和理论探索中，哲学社会科学仍然具有不可替代的重要地位和作用。因此，要始终坚持马克思主义在我国哲学社会科学领域的指导地位，把研究回答新时代重大理论和现实问题作为主攻方向，建设具有中国特色、中国风格、中国气派的哲学社会科学。

理论源于实践，又指导实践，其生命力在于创新。习近平新时代中国特色社会主义思想深深扎根于当代中国火热实践和中华民族5000多年博大文明之中，始终坚持马克思主义立场观点方法，是马克思主义中国化最新成果。做好做强马克思主义宣传教育工作，必须在学懂弄通做实习近平新时代中国特色社会主义思想上下功夫，坚持马克思主义在我国哲学社会科学领域的指导地位，推动当代中国马克思主义、二十一世纪马克思主义深入人心、落地生根。

马克思主义具有与时俱进的理论品质。时代、实践和科学都在发展，马克思主义也应不断回答实践提出的最新课题，结合新的实践不断作出新的理论创造，不断赋予新的时代内涵、开辟其新的境界，是马克思主义永远保持旺盛生命力的奥妙所在。在当代中国、在新的历史条件下、在实现“第二个百年”奋斗目标和中华民族伟大复兴中国

梦的新征程中，继续推进马克思主义中国化、时代化和大众化，继续发展当代中国马克思主义、二十一世纪马克思主义，用发展着的马克思主义、用马克思主义中国化时代化最新成果指导新的实践，既是马克思主义自身发展的内在要求，也是推进中国特色社会主义伟大事业的客观需要。这就要求哲学社会科学工作自觉坚持以马克思主义为指导，运用马克思主义的立场、观点、方法研究和解决我国改革开放以及社会主义现代化建设遇到的新情况和新问题，不断推动马克思主义的创新发展，使之成为适应时代需要、把握时代脉搏、回答时代课题并且具有时代气息的二十一世纪中国马克思主义，并以此为基点实现哲学社会科学工作的发展与繁荣。

第三节　必须巩固壮大主流思想舆论

建设具有强大凝聚力和引领力的社会主义意识形态，必须巩固壮大主流思想舆论。社会主义意识形态的凝聚力和引领力，既取决于富有说服力、影响力的内容，也取决于广泛有效的传播效果。面对当下传播格局的深刻变革，做好宣传工作，创新是实现发展的首要目标。壮大主流思想舆论，就要把握正确舆论导向，提高新闻舆论传播力、引导力、影响力、公信力，做大做强正面宣传，形成强大主流舆论场；就要加强传播手段和话语方式创新，着力推动媒体深度融合，让党的创新理论“飞入寻常百姓家”；就要扎实抓好县级融媒体中心建设，更好引导群众、服务群众；就要旗帜鲜明坚持真理，立场坚定批驳谬误，坚持立破并举、敢于亮剑，让意识形态工作激浊扬清、正本清源。

一、把握正确舆论导向

把握正确舆论导向，就是要提高新闻舆论传播力、引导力、影响力、公信力，做大做强正面宣传，形成强大主流舆论场。夺取新时代中国特色社会主义新胜利，更加需要坚定自信、鼓舞斗志，更加需要同心同德、团结奋斗。新闻舆论工作处在意识形态工作的最前沿，是意识形态工作的核心内容。民心是最大的政治，做好宣传工作，重在聚民心。要把握正确舆论导向，提高新闻舆论传播力、引导力、影响力、公信力，做大做强主流思想舆论。

把握正确舆论导向需要党性与人民性相结合。习近平总书记指出，党性和人民性从来都是一致的、统一的。坚持党性，核心就是坚持正确政治方向，站稳政治立场，坚定宣传党的理论和路线方针政策，坚定宣传党中央重大工作部署，坚定宣传党中央关于形势的重大分析判断，坚决同党中央保持高度一致，坚决维护中央权威。所有宣传思想部门和单位，所有宣传思想战线上的党员、干部都要旗帜鲜明坚持党性原则。坚持人民性，就是要把实现好、维护好、发展好最广大人民根本利益作为出发点和落脚点，坚持以民为本、以人为本。要树立以人民为中心的工作导向，把服务群众同教育引导群众结合起来，把满足需求同提高素养结合起来，多宣传报道人民群众的伟大奋斗和火热生活，多宣传报道人民群众中涌现出来的先进典型和感人事迹，丰富人民精神世界，增强人民精神力量，满足人民精神需求。[12]

坚持团结稳定鼓劲、正面宣传为主，是宣传思想工作必须遵循的

12 习近平：《论党的宣传思想工作》，中央文献出版社 2020 年版，第 15-16 页。

重要方针。我们正在进行具有许多新的历史特点的伟大斗争，面临的挑战和困难前所未有，必须坚持巩固壮大主流思想舆论，弘扬主旋律，传播正能量，激发全社会团结奋进的强大力量。关键是要提高质量和水平，把握好时、度、效，增强吸引力和感染力，让群众爱听爱看、产生共鸣，充分发挥正面宣传鼓舞人、激励人的作用。在事关大是大非和政治原则问题上，必须增强主动性、掌握主动权、打好主动仗，帮助干部群众划清是非界限、澄清模糊认识。[13]

二、加强传播手段和话语方式创新，着力推动媒体深度融合

“明者因时而变，知者随事而制。”宣传工作创新，重点要抓好理念创新、手段创新、基层工作创新，努力以思想认识新飞跃打开工作新局面，积极探索有利于破解工作难题的新举措新办法，把创新的重心放在基层一线。

2014 年 8 月 18 日，习近平总书记在中央全面深化改革领导小组第四次会议上强调，推动传统媒体和新兴媒体融合发展，要遵循新闻传播规律和新兴媒体发展规律，强化互联网思维，坚持传统媒体和新兴媒体优势互补、一体发展，坚持先进技术为支撑、内容建设为根本，推动传统媒体和新兴媒体在内容、渠道、平台、经营、管理等方面的深度融合，着力打造一批形态多样、手段先进、具有竞争力的新型主流媒体，建成几家拥有强大实力和传播力、公信力、影响力的新型媒体集团，形成立体多样、融合发展的现代传播体系。要一手抓融合，

13《习近平在全国宣传思想工作会议上强调 胸怀大局把握大势着眼大事 努力把宣传思想工作做得更好》，《人民日报》2013 年 8 月 21 日。

一手抓管理，确保融合发展沿着正确方向推进。随着形势发展，党的新闻舆论工作必须创新理念、内容、体裁、形式、方法、手段、业态、体制、机制，增强针对性和实效性。要适应分众化、差异化传播趋势，加快构建舆论引导新格局。要推动融合发展，主动借助新媒体传播优势。要抓住时机、把握节奏、讲究策略，从时度效着力，体现时度效要求。要加强国际传播能力建设，增强国际话语权，集中讲好中国故事，同时优化战略布局，着力打造具有较强国际影响的外宣旗舰媒体。[14]

2019 年 1 月 25 日，习近平总书记在主持中央政治局第十二次集体学习学习时强调，推动媒体融合发展、建设全媒体成为我们面临的一项紧迫课题。要运用信息革命成果，推动媒体融合向纵深发展，做大做强主流舆论，巩固全党全国人民团结奋斗的共同思想基础，为实现“两个一百年”奋斗目标、实现中华民族伟大复兴的中国梦提供强大精神力量和舆论支持。习近平指出，全媒体不断发展，出现了全程媒体、全息媒体、全员媒体、全效媒体，信息无处不在、无所不及、无人不用，导致舆论生态、媒体格局、传播方式发生深刻变化，新闻舆论工作面临新的挑战。我们要因势而谋、应势而动、顺势而为，加快推动媒体融合发展，使主流媒体具有强大传播力、引导力、影响力、公信力，形成网上网下同心圆，使全体人民在理想信念、价值理念、道德观念上紧紧团结在一起，让正能量更强劲、主旋律更高昂。[15]

14《共同为改革想招一起为改革发力 群策群力把各项改革工作抓到位》，《人民日报》2014 年 08 月 19 日。

15《习近平在中共中央政治局第十二次集体学习时强调 推动媒体融合向纵深发展巩固全党全国人民共同思想基础》，《人民日报》2019 年 01 月 26 日。

宣传战线要深入学习贯彻习近平总书记关于推动媒体融合发展、做大做强主流舆论的重要论述，积极适应全媒体时代发展大势，坚持正能量是总要求、管得住是硬道理、用得好是真本事，推进媒体融合向纵深发展，牢牢掌握新闻舆论工作的战略主动，不断巩固全党全国人民团结奋斗的共同思想基础。

三、扎实抓好县级融媒体中心建设

习近平总书记在2018年全国宣传思想工作会议上提出，要扎实抓好县级融媒体中心建设，更好引导群众、服务群众。抓好县级融媒体中心建设，是加强和改进基层宣传思想工作，推动县级媒体转型的战略工程。习近平总书记的这一论断，突显了县级融媒体中心建设在宣传工作大局中的重要地位和实际效用。

2018年11月14日，中央全面深化改革委员会第五次会议指出，组建县级融媒体中心，有利于整合县级媒体资源、巩固壮大主流思想舆论。县级融媒体中心建设既是打通媒体融合的“最后一公里”，也是连接用户的“最后一公里”。我们要把准功能定位，坚持分类指导，因地制宜开展工作，努力把县级融媒体中心建成主流舆论阵地、综合服务平台和社区信息枢纽。[16]

媒体融合是互联网时代背景下媒体不断演进升级的必然结果。对于地方而言，融媒体中心建设主要在于提升基层舆论引导力，加强基层信息公开，优化基层思想宣传组织架构和机制，提升政务民生服务

16《习近平主持召开中央全面深化改革委员会第五次会议强调 深刻总结改革开放伟大成就宝贵经验 不断把新时代改革开放继续推向前进》，《人民日报》2018年11月15日。

水平。地方媒体的转型升级既有利于体制机制的调整，也有利于促进政府推行政策方针、提高执政水平、凝聚社会力量、稳定社会秩序，实现上情下达和下情上达。[17]

加强县级融媒体中心建设，是加强和改进基层宣传工作、推动县级媒体转型升级的战略工程。各地各有关部门要聚焦更好引导群众、服务群众，着力打造基层宣传工作和精神文明建设的重要平台，打造为民排忧解难、做群众思想政治工作的重要平台，把基层百姓的需求与党委政府积极作为对接起来，把服务延伸到基层、问题解决在基层，切实推动基层宣传工作强起来。要做好整合媒体机构、建好采编中心、统一技术平台、加强队伍建设工作。要加强组织领导，健全工作机制，提供政策支持，确保县级融媒体中心建设扎实有序推进。

由于县级融媒体中心建设技术方案多样，发展模式不一，为将来融媒体中心之间的互联互通、可管可控增添了诸多管理和安全隐患。2019 年初，《县级融媒体中心建设规范》和《县级融媒体中心省级技术平台规范要求》两项标准规范的发布，为今后的融媒体建设指明了前进方向。媒体融合发展，特别是县级媒体融合发展任重道远，不可能一帆风顺，也不可能一蹴而就，注定是一场“攻坚战”，亦是一场“持久战”，需要各相关建设参与单位通过加强沟通协调，优势互补，形成合力，努力开创出县级融媒体中心融合共建的新格局、新模式。

主流媒体推进融合发展的方法、路径可以多种多样，推出的融媒体产品可以千姿百态，流程、渠道、技术、经营和管理方法可以不断变化，但坚持正确舆论导向永远不能变。我们要增强“四个意识”、

17 沈阳，闫佳琦：《县级融媒体中心建设的思考》，《中国出版》2018 年第 22 期。

坚定“四个自信”、做到“两个维护”，坚持正确的政治方向、舆论导向、价值取向，自觉承担起举旗帜、聚民心、育新人、兴文化、展形象的使命任务，紧紧围绕“两个巩固”的根本任务，紧紧围绕党的基本理论、基本路线、基本方略和党中央重大决策部署，做大做强正面宣传，通过深度融合，推出更多融媒体产品，深入宣传阐释习近平新时代中国特色社会主义思想，精心组织主题宣传、形势宣传、政策宣传、成就宣传、典型宣传，科学有效开展热点引导和舆论监督，形成强大主流舆论场，努力使正能量更充沛，主旋律更响亮。

做大做强主流思想舆论，不仅要唱响主旋律，壮大正能量，更要敢于亮剑、敢于斗争，旗帜鲜明反对和抵制错误思潮。这就要求我们要进一步认真落实意识形态工作责任制，压实压紧各级党委（党组）责任，做到任务落实不马虎、阵地管理不懈怠、责任追究不含糊。要旗帜鲜明坚持真理、立场坚定批驳谬误，有理有利有节开展舆论斗争，帮助干部群众划清是非界限、澄清模糊认识，促进全体人民在理想信念、价值理念、道德观念上紧紧团结在一起。

第七讲

培养担当民族复兴大任的时代新人

宣传工作是做人的工作的，要把培养担当民族复兴大任的时代新人作为重要职责。重中之重是要以坚定的理想信念筑牢精神之基，坚定对马克思主义的信仰，对社会主义和共产主义的信念，对中国特色社会主义道路、理论、制度、文化的自信。抓住青少年价值观形成和确定的关键时期，引导青少年扣好人生第一粒扣子。习近平总书记把“育新人”作为宣传工作的重要使命任务，为“培养什么样的人”“怎样培养人”指明了方向，对引领广大人民群众坚定信心、强化自觉、提升素质，投身中华民族伟大复兴事业具有重要而深远的意义。

第一节　以坚定的理想信念筑牢精神之基

实现中华民族伟大复兴，离不开一代又一代有理想、有本领、有担当的时代新人接续奋斗。要坚持立德树人、以文化人，建设社会主义精神文明、培育和践行社会主义核心价值观，提高人民思想觉悟、道德水准、文明素养，培养能够担当民族复兴大任的时代新人。创建生动有效的平台、载体和方式，推动社会主义核心价值观融入国民教育、社会生活、精神文化产品创作生产传播、法治建设等全过程各方面，使之转化为人们的思想自觉和行为习惯。深入实施公民道德建设工程，充分发挥先进典型的引领示范作用，提升社会公德、职业道德、家庭美德和个人品德。深化群众性精神文明创建活动，大力推进志愿服务制度化常态化，整体提升社会文明程度，弘扬共筑美好生活梦想的时代新风。把培养担当民族复兴大任的时代新人作为重要职责，重点要抓好以下六项工作：

1. **培养时代新人，重中之重是要以坚定的理想信念筑牢精神之基。**补足理想信念的精神之“钙”，解决好世界观、人生观、价值观这个“总开关”问题，是培养担当民族复兴大任时代新人的根本要求。理想信念动摇，精神萎靡不振，本事再大也不可能担当起民族复兴大任。要以习近平新时代中国特色社会主义思想武装头脑，以理论的清醒坚定对马克思主义的信仰，对社会主义和共产主义的信念，对中国特色社会主义道路、理论、制度、文化的自信。要努力创新理论武装新途径，提高理论传播有效性，打通理论武装“最后一公里”，让党的创新理论普及到基层，引导广大党员干部群众将个人理想融入到中华民族伟大复兴的中国梦中。

2. **培养时代新人，必须遵循育人规律。一是要立足“长”“常”**。十年树木，百年树人，育人是一个循序渐进的过程，不可能一蹴而就，必须摒弃急功近利念头，要以滴水穿石的韧劲、锲而不舍的恒心，久久为功，抓长抓常。二是要注重创新。在新的时代条件下，人们的思想观念、思维方式、信息接受习惯发生了很大的变化，这就要求我们坚持效果导向，创新育人的理念、手段、载体、途径，在教育引导、实践养成、制度保障上同向发力，取得实效。三是要把握关键时期。青少年正处于价值观形成和确定的关键时期，要把实现中华民族伟大复兴的理想和责任、把社会主义核心价值观的要求、把做事做人的基本道理融入到学校教育、社会教育、家庭教育中，引导青少年扣好人生第一粒扣子。

3. **培养时代新人，要充分发挥榜样的力量**。在党领导人民进行革命、建设、改革的各个时期，涌现了无数先进模范，他们身上汇聚了感人的力量，影响了一代又一代人见贤思齐、向上向善、建功立业。比如，两位全国道德模范黄旭华和吴天祥，黄旭华是我国第一代核潜艇总设计师，隐姓埋名三十载，为国防建设奋斗终身，影响带动了一大批科技工作者默默付出、科技报国；吴天祥几十年如一日为群众做好事，在他的精神感召下，湖北诞生了2万多个“吴天祥小组”，常年活跃在街道、社区为群众服务，已成为精神文明建设的重要品牌。这些劳动模范奏响的是劳动的赞歌，张扬的是奉献的精神。表彰劳模，学习劳模，既是我国亿万劳动群众的杰出代表享受国家荣誉的光辉时刻，更是大力弘扬社会主义劳动精神的极好契机。我们要广泛开展先进模范学习宣传活动，以英雄榜样的高尚形象、感人事迹、精神力量去教育人、影响人、塑造人。

4. **培养时代新人，要大力弘扬时代新风**。马克思主义认为，人是一切社会关系的总和。人创造环境，环境也创造人。好的社会风尚能春风化雨、润物无声地熏陶人、感染人、引导人，起到成风化人的积极作用。要加强思想道德建设，深入实施公民道德建设工程，不断提升人民思想觉悟、道德水准、文明素养和全社会文明程度；要以创建文明城市、文明村镇、文明单位、文明家庭、文明校园为主要形式，以各类精神文明创建先进典型为示范，推动形成各地区各部门你争我赶共建精神文明、人民群众见贤思齐提升道德水准、全社会崇德向善提高文明程度的生动局面；要继续深化以“文明城市、文明村镇、文明单位、文明家庭、文明校园”等“五大文明创建”活动，推动人们在为家庭谋幸福、为他人送温暖、为社会作贡献的过程中提高精神境界、培育文明风尚；要推进移风易俗，在实施乡村振兴战略中大力建设文明乡风、良好家风、淳朴民风，焕发新时代乡村文明新气象。

5. **培养时代新人，就要强化教育引导、实践养成、制度保障，把社会主义核心价值观融入社会发展各方面，引导全体人民自觉践行**。一个国家的文化软实力，从根本上说，取决于其核心价值观的生命力、凝聚力、感召力。必须使社会主义核心价值观的影响像空气一样无所不在、无时不有，将其作为行为准则深度融入人们的日常生产生活和具体行动中；也要抓住青少年价值观形成和确定的关键时期，引导青少年扣好人生第一粒扣子，从现在做起、从自己做起，使社会主义核心价值观成为为人处世的基本遵循，在时代大潮中建功立业，用奋斗成就有价值的人生。

6. **培养时代新人，要组织开展多样化主题教育**。既要广泛开展先进模范学习宣传活动，营造崇尚英雄、学习英雄、捍卫英雄、关爱英雄的浓厚氛围；也要大力弘扬时代新风，加强思想道德建设，深入实施公民道德建设工程，加强和改进思想政治工作，推进新时代文明实践中心建设，不断提升人民思想觉悟、道德水准、文明素养和全社会文明程度；还要弘扬新风正气，推进移风易俗，培育文明乡风、良好家风、淳朴民风，焕发乡村文明新气象。不断加强农村思想道德建设和公共文化建设，弘扬主旋律和社会正气，为改善农民精神风貌，提高乡村社会文明程度发挥积极影响。

习近平总书记在庆祝改革开放40周年大会上指出："信仰、信念、信心，任何时候都至关重要。小到一个人、一个集体，大到一个政党、一个民族、一个国家，只要有信仰、信念、信心，就会愈挫愈奋、愈战愈勇，否则就会不战自败、不打自垮。"[1]我们要始终把理想信念教育作为一项重大课题，通过不断创新载体、丰富宣传方式，深化中国特色社会主义和中国梦宣传教育，点亮广大人民群众思想明灯，让对马克思主义的信仰、对中国特色社会主义的信念、对实现中华民族伟大复兴中国梦的信心，更加牢固地扎根在党员、干部和群众心中，为党和国家事业加快发展凝聚强大精神动力。

干事创业，关键在人。我们党立志于中华民族千秋伟业，必须培养一代又一代拥护中国共产党领导和我国社会主义制度、立志为中国特色社会主义事业奋斗终身的有用人才。爱国奉献精神是新时代奋斗

1　习近平：《在庆祝改革开放40周年大会上的讲话》，《人民日报》2018年12月19日。

者的价值追求，也是时代新人应有的精神风貌。爱国主义是社会主义核心价值观的重要内容，是实现中华民族伟大复兴中国梦的精神力量。“爱国、敬业、诚信、友善”是社会主义核心价值观的重要内容，是公民个人行为规范的层面上的道德遵循和行为准则。新时代爱国主义作为社会主义核心价值观的灵魂核心，是当代中国精神的集中体现，凝结着全体人民共同的理想信念和价值追求，是时代新人必须始终坚持、努力践行的价值理念和行为准则。2018 年 9 月 10 日，习近平总书记在全国教育大会上强调指出，要在厚植爱国主义情怀上下功夫，让爱国主义精神在学生心中牢牢扎根，教育引导学生热爱和拥护中国共产党，立志听党话、跟党走，立志扎根人民、奉献国家。[2] 2019 年 3 月 18 日，习近平总书记在学校思想政治理论课教师座谈会上再次强调指出，要给学生心灵埋下真善美的种子，引导学生扣好人生第一粒扣子，厚植爱国主义情怀，培育家国天下情怀，努力培养担当民族复兴大任的时代新人，培养德智体美劳全面发展的社会主义建设者和接班人。[3]

伟大的时代需要伟大的精神作为支撑，伟大的事业需要与之同心同向的奋斗者为之奉献。培养担当民族复兴大任的时代新人，首先就是要以坚定的理想信念筑牢精神之基，让理想信念的灯塔驱散精神的迷雾、照亮精神的家园。新时代爱国主义教育必须要以培养担当民族复兴大任的时代新人为着眼点，发挥爱国主义对国民教育、精神文明

2 《习近平在全国教育大会上强调 坚持中国特色社会主义教育发展道路 培养德智体美劳全面发展的社会主义建设者和接班人》，《人民日报》2018 年 09 月 11 日。

3 习近平：《思政课是落实立德树人根本任务的关键课程》，《求是》2020 年第 17 期。

创建、舆论传播、文化建设的价值引领作用，把爱国主义融入社会发展的全过程各方面各环节，转化为人们的情感认同和行为习惯，内化于心、外化于行，引导全体人民特别是青少年学生时刻铭记、自觉践行。

古往今来，人才都是富国之本、兴邦大计。办好中国的事情，关键在党，关键在人，关键在人才。中国特色社会主义进入新时代，中国日益走近世界舞台中央，中华民族距离伟大复兴的目标从未如此之近，我们对人才的需求比任何时候都要急切，对接班人培养的要求比任何时候都要高。培养时代新人必须站在时代的高度，站在国家和人民期待的角度，坚持立德树人，以文化人，用社会主义理想、信念、价值观为时代铸魂，使之成为能够担任民族复兴大任的中坚力量。“才者，德之资也；德者，才之帅也。”担当民族复兴大任的时代新人，须是德才兼备，且以德为先。培养能够担当时代重任的新人，必须德才兼备、以德为先，德才之间，德为魂，才为体。有德之才，方可德、才配位。

“志不立，天下无可成之事”。一个理想信念不坚定的人，不可能承担新时代赋予的历史重任。理想信念是共产党人精神上的“钙”，是共产党人的精神支柱和价值灵魂。有理想就有人生的精神动力，有信念才能开辟美好未来。高扬信仰旗帜，补足精神之“钙”，才能挺起民族精神的脊梁，激发源源不竭的奋进力量。反之，倘若理想信念动摇，思想防线松懈，世界观、人生观、价值观就会全面蜕变，本事再大也担当不起民族复兴大任。只有在全体人民特别是青少年中加强理想信念教育，深化社会主义和共产主义宣传教育，深化中国特色社会主义和中国梦宣传教育，弘扬以爱国主义为核心的民族精神和以改革创新为核心的时代精神，才能让理想信念的明灯永远在全国各族人民心中闪亮。[4]

党的十九大指出，要全面贯彻党的教育方针，落实立德树人根本任务。习近平总书记 2019 年 3 月 18 日在学校思想政治理论课教师座谈会上强调，办好思想政治理论课，最根本的是要全面贯彻党的教育方针，解决好培养什么人、怎样培养人、为谁培养人这个根本问题。新时代贯彻党的教育方针，要坚持马克思主义指导地位，贯彻新时代中国特色社会主义思想，坚持社会主义办学方向，落实立德树人的根本任务，坚持教育为人民服务、为中国共产党治国理政服务、为巩固和发展中国特色社会主义制度服务、为改革开放和社会主义现代化建设服务，扎根中国大地办教育，同生产劳动和社会实践相结合，加快推进教育现代化、建设教育强国、办好人民满意的教育，努力培养担当民族复兴大任的时代新人，培养德智体美劳全面发展的社会主义建设者和接班人。[5]党的二十大报告进一步强调，教育是国之大计、党之大计。培养什么人、怎样培养人、为谁培养人是教育的根本问题。育人的根本在于立德。全面贯彻党的教育方针，落实立德树人根本任务，培养德智体美劳全面发展的社会主义建设者和接班人。[6]

一是发挥政治引领作用，牢记立德树人职责使命。要在落实立德树人根本任务进程中强化政治引领，帮助学生扣好人生的第一粒扣子，

4 《培养担当民族复兴大任的时代新人——论学习贯彻习近平总书记在全国宣传思想工作会议重要讲话精神》，《人民日报》2018 年 8 月 31 日。

5 习近平：《思政课是落实立德树人根本任务的关键课程》，《求是》2020 年第 17 期。

6 习近平：《高举中国特色社会主义伟大旗帜 为全面建设社会主义现代化国家而团结奋斗——在中国共产党第二十次全国代表大会上的报告》，《人民日报》2022 年 10 月 26 日。

坚持德智体美劳“五育”并举、德育为先，引导学生立德成人、立志成才。要切实提升学生政治素养，增强使命担当，加强党史、新中国史、改革开放史、社会主义发展史“四史”教育，开展理想信念教育和政治认同教育，引导学生矢志不渝听党话、跟党走，衷心拥护党的领导和我国社会主义制度。

二是增强德育实效，推动立德树人工作落细落实。积极探索立德树人的实践路径和落实工作机制。要深化课程育人，健全课程体系，在课程中融入家国情怀、社会责任、诚信道德、法治底线等要素，提升课程育人实效；要推动文化育人，不断创新方式方法，彰显特色，提升内涵；要推动实践育人，在社会实践中深思笃行，实现知、情、意、行的有机统一；要推动劳动育人，把准劳动价值育人取向，引导学生树立正确的劳动观，崇尚劳动、尊重劳动、增强对劳动人民的感情，增强本领、服务社会。要把师德师风作为评价教师队伍的第一标准，严格把好政治关、师德关，着力建设一支政治素养过硬、道德品质高尚、理论素养扎实、业务能力精湛的教师队伍，发挥教师的人格示范作用，做到以德立身、以德立学、以德施教。创新协同育人机制，统筹校内校外、课内课外、线上线下，构建学校、家庭、社会的协同育人机制，形成思想政治教育的强大合力。

三是实施“三全育人”，构建立德树人长效机制。要把立德树人的成效作为检验学校一切工作的根本标准，以“立德”为根本，以“树人”为核心，在坚定理想信念上下功夫、在厚植爱国主义情怀上下功夫、在加强品德修养上下功夫、在增长知识见识上下功夫、在培养奋斗精神上下功夫、在增强素质能力上下功夫，培养德智体美劳全面发展的社会主义建设者和接班人。要树立全局意识，秉持战略思维，把立德树人内化到学生的教育、教学、管理等各个领域、各个方面和各个环节，形成全员育人、全过程育人、全方位育人的“三全育人”格局。

第二节　坚持用社会主义核心价值观引导人、教育人

建设社会主义精神文明、培育和践行社会主义核心价值观，提高人民思想觉悟、道德水准、文明素养，培养能够担当民族复兴大任的时代新人，这是党中央着眼新时代各项事业发展，对宣传战线提出的重要任务。做好新形势下的宣传工作，必须坚持培育和践行社会主义核心价值观。要按照成风化人、凝心聚力的要求，在推动社会主义核心价值观深入人心上下功夫，持续实施“人知人晓”“人信人守”“我信我行”工程，深入推动核心价值观宣传教育入脑入心，使其成为人们的思想自觉和行为习惯。要凸显制度设计和实践融入，在核心价值观落细落小落实上下功夫，将其融入政策法规、社会治理、行业管理之中，体现到机关准则、企业规章、市民公约、社区公约、乡规民约和学生守则中，渗透到社会生活方方面面，转化为人们的行为操守和行为准则，实现社会规范和价值导向有机统一，使人们内心有尺度、行为有准则。

培养时代新人，关键是发挥社会主义核心价值观的引领作用。党的十八大以来，培育和践行社会主义核心价值观取得明显成效，但立物易、立心难，做好这项工作关键在“长”“常”二字。现在，社会上有一些消极的东西，有的传递不思进取、颓废悲观等不良情绪，有的把财富标准同成功标准简单划等号，有些网络直播色情和暴力等问题较为普遍，内容导向整体偏低。这些情绪观念同时代新人应有的精神风貌格格不入。

思想的影响、价值观的塑造，具有长期性、复杂性和艰巨性，少不了“滴水穿石”的劲头，必须在“长”“常”二字上下功夫。这一方面需要抓住青少年价值观形成和确定的关键时期，引导青少年扣好人生第一粒扣子，踩实人生第一级台阶；另一方面，在线上线下相交融的网络时代，更需要创新宣传工作的形式和方法，把主流价值观融入“虚拟生活”。今天，我们离民族复兴的目标从未如此之近，更需要加强思想宣传教育，做好人心工作，激发千千万万时代新人的力量，共同托举起中华民族的伟大复兴。[7]

青年关系国家前途、民族未来。要抓住青少年价值观形成和确定的关键时期，引导青少年扣好人生第一粒扣子，从现在做起、从自己做起，使社会主义核心价值观成为为人处世的基本遵循，在时代大潮中建功立业，用奋斗成就有价值的人生。在社会主义核心价值观建设中，要广泛开展先进模范学习宣传活动，营造崇尚英雄、学习英雄、捍卫英雄、关爱英雄的浓厚氛围，才能激浊扬清、扶正祛邪。要大力弘扬时代新风，加强思想道德建设，深入实施公民道德建设工程，加强和改进思想政治工作，推进新时代文明实践中心建设，不断提升人民思想觉悟、道德水准、文明素养和全社会文明程度。要把社会主义核心价值观融入社会发展各方面，引导全体人民自觉践行，要强化教育引导、实践养成、制度保障，要创新宣传理念、创新运行机制，汇聚更多资源力量。要坚持贯穿结合融入，落细落小落实，使核心价值观像空气一样无处不在、无时不有，成为百姓日用而不觉的行为准则。

7 《育新人，培养担当大任的时代新人——自觉承担新形势下宣传思想工作使命任务》，《人民日报》2018 年 9 月 6 日第 5 版。

党的十九大明确指出，社会主义核心价值观是当代中国精神的集中体现，凝结着全体人民共同的价值追求，形成中华民族伟大复兴的强大精神力量。党的二十大进一步强调，社会主义核心价值观是凝聚人心、汇聚民力的强大力量。社会主义核心价值观集政治属性、社会文化及道德风尚于一体，是当代中国精神在理念上的集中表达。作为国家层面的价值目标，“富强、民主、文明、和谐”，是中国特色社会主义伟大实践的奋斗历程升华与价值追求宣示，与党和人民的奋斗目标高度一致，是社会主义现代化国家的典型特征，这一价值理想凝聚人心，激励着中国共产党人以初心和使命砥砺前行，满载中国人民对于祖国未来与美好生活的无尽期待。作为社会层面的价值取向，“自由、平等、公正、法治”，是社会主义社会的基本属性，是日渐高扬的民主法治理念与现代社会风尚。中国特色社会主义进入新时代，我们党不断重视人民的自由和平等、社会的公正和法治，这一价值导向鲜明，满载全国人民对新时代中国社会发展的充分自信。作为公民个人的价值准则，“爱国、敬业、诚信、友善”，是社会主义社会公民的基本道德规范，它贯穿在社会公德、职业道德、家庭美德、个人品德各方面，体现在人们道德人格发展的各个环节，人们只有爱国爱人民、爱岗敬业、诚实守信、友爱善良，从身边点点滴滴做起，全社会才能和谐向前有生机，全民族才能焕发出新时代的活力。

青年时期是培育和践行社会主义核心价值观的重要时期。要坚持以社会主义核心价值观滋养青年，培养担当民族复兴大任的时代新人。青年是国家的未来、民族的希望，青年的价值观决定着未来整个社会的价值取向。新时代，要坚持以社会主义核心价值观滋养青年，培养担当民族复兴大任的时代新人。[8]青年时期是人的一生中养成科学思维方法、提高科学思维能力的重要时期，也是培育和践行社会主义核心价值观的重要时期。当代青年大多接受过良好教育，科学文化知识储备较为丰厚，这为其培育和践行社会主义核心价值观打下了良好基础。但也要看到，一些青年的社会实践还比较缺乏，不利于其培育和践行社会主义核心价值观。社会主义核心价值观源于中国特色社会主义伟大实践，深刻回答了我们要建设什么样的国家、建设什么样的社会、培育什么样的公民的重大问题。只有深入社会实践，才能对社会主义核心价值观有更深刻的感悟。培育和践行社会主义核心价值观，既要让广大青年学习科学文化知识，又要让广大青年深入社会实践，从社会实践中感悟社会主义核心价值观的丰富内涵、重大意义、重要作用。要引导广大青年深入实际、深入群众，了解经济社会发展状况，拜人民为师，多读“无字书”，在社会实践中学真知、悟真谛，增强对社会主义核心价值观的情感认同，进而转化为自己的行为习惯。

相比于其他人群，青年人创新创造的欲望更为强烈，更易于学习接受新生事物。因此，青年时期往往是一个人出思想、搞创造的最佳时期。而青年的创新创造活动又会直接影响其价值观的形成。中国特色社会主义进入新时代，为广大青年发挥聪明才智、不断创新创造提供了良好的环境和条件。引导青年培育和践行社会主义核心价值观，要善于将社会主义核心价值观与广大青年的创新创造紧密结合起来，动员广大青年牢牢把握时代赋予的机遇，时刻保持青年特有的创造活力和创业干劲，在大力培育和践行社会主义核心价值观中成就一番事

8《以社会主义核心价值观滋养青年》，《人民日报》2019 年 1 月 31 日。

业。广大青年要以社会主义核心价值观为精神动力，敢闯敢试、敢想敢干，当先锋、涉险滩，在党和人民需要时决不当看客，以少年心气、青春锐气把想法变成做法、把理想变成现实、把理论变成实践，在创新创造中贡献自己独特的青春力量。

当前，互联网已成为社会舆论的放大器和意识形态斗争的主阵地，对人们的价值观念产生重要影响。当代青年大都是随着互联网的发展成长起来的，网络空间成为其重要活动空间。青年在哪里，青年思想政治工作就要跟进到哪里。引导青年培育和践行社会主义核心价值观，就要善于做好网上青年思想政治工作。网络空间不是法外之地，也不是精神空虚之所。应不断创新网络宣传方式方法，让社会主义核心价值观在网络空间无处不在、无时不有，让整个网络空间清朗起来，使广大青年在网络空间接受社会主义核心价值观的滋养。

第三节　大力弘扬时代新风

一、把思想道德建设摆在突出位置

加强思想道德建设，要深入实施公民道德建设工程，加强和改进思想政治工作，推进新时代文明实践中心建设，不断提升人民思想觉悟、道德水准、文明素养和全社会文明程度。一个国家的繁荣强盛，一个民族的文明进步，很大程度上取决于社会思想道德水平。我们党在革命、建设、改革各个历史时期，都高度重视思想道德建设。毛泽东同志强调，要做一个高尚的人，一个纯粹的人，一个有道德的人，一个脱离了低级趣味的人，一个有益于人民的人。邓小平同志强调，风气如果坏下去，经济搞成功又有什么意义，会在另一方面变质，反过来影响整个经济变质。

党的十八大以来，习近平总书记就加强思想道德建设作出一系列重要论述，提出一系列新思想新观点新要求，强调理想信念是共产党人精神上的“钙”，没有理想信念，精神上就会“缺钙”，就会得“软骨病”，要大力弘扬共产主义远大理想和中国特色社会主义共同理想，让理想信念的明灯在全国各族人民心中闪亮；强调精神的力量是无穷的、道德的力量是无穷的，要加强全社会思想道德建设，形成向上的力量、向善的力量，等等。习近平总书记关于思想道德建设的重要思想，深刻阐明了社会主义思想道德建设的本质规律，把我们党对思想道德建设的认识提升到了一个新的境界。

改革开放以来，我们党、国家、民族的面貌发生了前所未有的变化，人民的面貌也发生了前所未有的变化，全社会思想道德主流始终是健康向上的。特别是党的十八大以来，随着党风政风的明显好转，社会风气出现许多可喜变化，人民群众的精神风貌呈现出新的气象，人们理想信念更加坚定，社会思想观念不断更新，社会创造活力大大增强，民族凝聚力向心力显著提升，人民文明素质和社会文明程度日益提高。这充分表明，伴随着经济发展、社会进步，社会思想道德水平不断提高，那种认为经济社会快速发展、思想道德滑坡的观点是不符合实际的。

当然，我们也不可否认，市场经济在增强我国发展活力的同时，其逐利本性也给思想道德领域带来不少问题，信仰缺失、道德缺失、诚信缺失等仍然比较突出。一些社会成员理想信念模糊甚至动摇，世界观、人生观、价值观扭曲，是非不分、善恶不分、美丑不分；一些领域道德失范现象特别是拜金主义、享乐主义、极端个人主义有所滋长，以权谋私、造假欺诈、见利忘义、损人利己等时有发生。面对这样的情况，我们必须充分认识到加强思想道德建设的重要性紧迫性，适应新时代新任务新要求，继续把思想道德建设摆在突出位置，加大教育引导和规范治理力度，把长期以来特别是党的十八大以来打下的有利基础和形成的良好态势巩固好、发展好。

社会主义思想道德建设，要注重提高人民思想觉悟、道德水准、文明素养，提高全社会文明程度。要广泛开展理想信念教育，深化中国特色社会主义和中国梦宣传教育，弘扬民族精神和时代精神，加强爱国主义、集体主义、社会主义教育，引导人们树立正确的历史观、民族观、国家观、文化观。要加强和改进思想政治工作，深化群众性精神文明创建活动。弘扬科学精神，普及科学知识，开展移风易俗、弘扬时代新风行动，抵制腐朽落后文化侵蚀。要推进诚信建设和志愿服务制度化，强化社会责任意识、规则意识、奉献意识。

提高人民道德水准和文明素养，是思想道德建设的关键所在。国无德不兴，人无德不立。要深入实施公民道德建设工程，推进社会公德、职业道德、家庭美德、个人品德建设，激励人们向上向善、孝老爱亲、忠于祖国、忠于人民。这些年来，各行各业涌现出来的时代楷模、道德模范、最美人物、身边好人，他们身上所展现的风采风貌是新时代中国精神的集中反映，应当加大对他们事迹的宣传推介力度，深入开展向他们学习的活动，大力营造见贤思齐、崇德向善的浓厚氛围。要加强和改进思想政治工作，把先进性要求与广泛性要求结合起来，把解决思想问题与解决实际问题结合起来，把面上教育引导与个别交流疏导结合起来，切实把工作做到广大党员和人民群众的心坎上，理顺情绪、化解矛盾。深化群众性精神文明创建活动，突出思想内涵和价值引领，充分发挥文明城市、文明村镇、文明单位、文明家庭、文明校园的示范带动作用。开展移风易俗、弘扬时代新风行动，深化文明出行、文明旅游、文明餐桌、文明办网文明上网和传统节日振兴等行动，弘扬科学精神、普及科学知识，倡导简约适度、绿色低碳、健康文明的生活方式，反对封建迷信、陈规陋习、奢侈浪费，抵制腐朽落后文化侵蚀。推进诚信建设和志愿服务制度化，强化社会责任意识、规则意识、奉献意识，在全社会形成重信守诺、互信互助的浓厚氛围。

为加强公民思想道德建设，2019 年党中央出台了《新时代公民道德建设实施纲要》《新时代爱国主义教育实施纲要》两个重要文件。制定出台这两个《纲要》，是贯彻落实党中央决策部署的重大举措，是新时代巩固全体人民团结奋斗共同思想道德基础的必然要求，是把社会主义思想道德建设优势进一步转化为治理效能的迫切需要。要以两个《纲要》出台为契机，着力用习近平新时代中国特色社会主义思想武装全党、教育人民，深化理想信念教育，大力弘扬爱国主义精神，聚焦聚力培养担当民族复兴大任的时代新人，充分发挥实践养成和制度保障的作用，促进全体人民在思想上精神上紧紧团结在一起，以思想道德建设新成效弘扬新风正气、提振人民精气神。

二、坚持成风化人，推进移风易俗

培养时代新人，还要大力弘扬时代新风，在推动社会文明进步中实现群众的自我教育、自我提高。进入新时代，在“站起来”“富起来”的基础上，中华民族进入“强起来”的历史新阶段。“强起来”不仅意味着物质技术层面的进步，还包括社会文明程度的提升。习近平总书记指出，历史是人民创造的，文明也是人民创造的。加强思想道德建设，深入实施公民道德建设工程，加强和改进思想政治工作，推进新时代文明实践中心建设，才能不断提升人民思想觉悟、道德水准、文明素养和全社会文明程度。弘扬新风正气，推进移风易俗，培育文明乡风、良好家风、淳朴民风，才能既塑形又铸魂，焕发乡村文明新气象。

仓廪实而知礼节，衣食足而知荣辱。随着经济的发展，人民物质富有了，我们更加注重精神富有，坚持物质文明和精神文明协调发展。深入实施公民道德建设工程，及时将社会上的先进道德人物树典型、立标杆，倡导公民互帮互助，建立身边好人选树常态化机制。

文以载道，德以化人。培养时代新人，要弘扬新风正气，以崇德向善的文明环境熏陶人、塑造人。要加强思想道德建设，深入实施公民道德建设工程，加强和改进思想政治工作，推进新时代文明实践中心建设，不断提升人民思想觉悟、道德水准、文明素养和全社会文明程度。要鞭挞假恶丑，讴歌真善美，营造崇尚英雄、学习英雄、捍卫英雄、关爱英雄的浓厚氛围，推动全社会形成见贤思齐的良好风气。要坚持成风化人，推进移风易俗，培育文明乡风、良好家风、淳朴民风，不断丰富人民精神世界，增强人民精神力量，让亿万人民在新时代展现新气象、创造新业绩。[9]

公民道德建设的重点在农村，难点在农村。农村范围广，人口多，大兴乡村文明之风，在提高收入的同时，提高村民的素质，做到精神文明建设与物质文明建设同步，将有利于促进乡村的振兴，加速对“三农”问题的解决。必须大力加强公民道德建设，大兴乡村文明新风，

---

9 《培养担当民族复兴大任的时代新人——三论学习贯彻习近平总书记在全国宣传思想工作会议重要讲话》，2018 年 8 月 24 日新华社评论员。

让社会文明之风在我们乡村盛行起来，构建乡村文明新风。从当前看，乡村村容村貌大变样，文化生活也日益丰富，然而，在一些农村陈规陋习仍然还有市场，如：婚丧嫁娶中的大操大办、天价彩礼、厚葬薄养等等。这些陈规陋习带来了诸多的问题：大操大办表面上看风风光光，实际背后却欠下难以还清的人情债，他人送礼给你，欠礼总是要还的，一来二往，导致恶性循环。陈规陋习不仅助长了奢侈浪费之风，而且增加了村民的负担，甚至导致因“礼”、因“葬”返贫。破除陈规陋习绝非个人的私事，事关乡风民风，事关巩固脱贫攻坚成效等等。所以，加强公民道德建设、大兴乡村文明新风显得非常的紧迫。

加强公民道德建设须发挥乡规民约的约束作用，注重先进文化引导，为乡村振兴战略提供强有力的支撑。党的十九大报告提出，实施乡村振兴战略，要坚持农业农村优先发展，按照产业兴旺、生态宜居、乡风文明、治理有效、生活富裕的总要求，建立健全城乡融合发展体制机制和政策体系，加快推进农业农村现代化。党的二十大报告进一步提出“全面推进乡村振兴”的战略任务，强调全面建设社会主义现代化国家，最艰巨最繁重的任务仍然在农村。坚持农业农村优先发展，坚持城乡融合发展，畅通城乡要素流动。加快建设农业强国，扎实推动乡村产业、人才、文化、生态、组织振兴。[10]要把乡风文明摆到重要的位置，乡村振兴不仅是要让农民收入提高，更需要道德素质大提升，抵制各种不道德的行为，以正压邪，共同筑造精神家园，使生活

10 习近平：《高举中国特色社会主义伟大旗帜 为全面建设社会主义现代化国家而团结奋斗——在中国共产党第二十次全国代表大会上的报告》，《人民日报》2022年10月26日。

富裕起来，让精神充实起来，有更多的获得感和幸福感，为乡村振兴战略提供强有力的支撑。

三、加强新时代文明实践中心建设

在社会主义思想道德建设中，要着力发挥新时代文明实践中心的作用。新时代文明实践中心着眼凝聚群众、引导群众，以文化人、成风化俗，以县（市、区）、乡镇（街道）、村（社区）三级为单元，以农村文化礼堂、社区文化家园为主阵地，建设一支群众身边的志愿者队伍，因地制宜开展面对面、常态化的文明实践活动，大力培育和践行社会主义核心价值观，切实提高广大群众的思想觉悟、道德水准、文明素养和社会文明程度。建设新时代文明实践中心就是为进一步加强改进农村基层宣传思想文化工作和精神文明建设，打通宣传群众、教育群众、关心群众、服务群众的“最后一公里”。

新时代文明实践中心建设是一项重大政治任务，要按照中央部署和要求，以高度的政治责任感和历史使命感，积极谋划、周密部署，高标准抓好这项工作。2018 年 7 月 6 日，中央全面深化改革委员会第三次会议审议通过《关于建设新时代文明实践中心试点工作的指导意见》。它的定位是深入宣传习近平新时代中国特色社会主义思想的一个重要载体，基本功能是着眼于凝聚群众、引导群众，以文化人、成风化俗，调动各方力量，整合各种资源，创新方式方法，用中国特色社会主义文化、社会主义思想道德牢牢占领农村思想文化阵地，动员和激励广大农村群众积极投身社会主义现代化建设。新时代文明实践中心（所、站）的主体力量是志愿者，主要活动方式是志愿服务。新时代文明实践中心的建设目标是打造理论宣讲、文化服务、教育服务、科技与科普服务、健身体育服务等五大平台，目的是把原有的资源整合盘活、用好用足。2019 年 10 月 11 日，中央宣传部、中央文明办召开的深化拓展新时代文明实践中心建设试点工作电视电话会议，将试点单位从 50 家扩大到 500 家。

建设新时代文明实践中心，必须提高政治站位、增强政治自觉，旗帜鲜明地坚持以习近平新时代中国特色社会主义思想为统领，把建设新时代文明实践中心作为深入学习宣传贯彻习近平新时代中国特色社会主义思想的重要载体，作为加强改进基层思想政治工作和精神文明建设的重要举措，作为推动乡村全面振兴的重要抓手，作为基础性、战略性、长期性的重要工程来抓。一是突出政治引领，引导广大群众不断增强“四个意识”、坚定“四个自信”、做到“两个维护”，听党话、跟党走。二是突出思想引领，用习近平新时代中国特色社会主义思想凝心聚魂，凝聚同心共筑中国梦的磅礴力量。三是突出文化引领，以文化人、成风化俗，用中国特色社会主义文化、社会主义思想道德牢牢占领农村思想文化阵地。四是突出实践引领，突出人民群众的主体地位，在参与、体验、实践中开拓，以实干创造实绩。

新时代文明实践中心要着力深化中国特色社会主义和中国梦宣传教育，引导人们深刻认识中国特色社会主义的科学真理性和历史必然性，深刻认识实现中华民族伟大复兴中国梦是国家梦、民族梦和个人梦的统一，提振广大人民群众坚守共同理想、实现共同梦想的信心和热情，坚定不移沿着中国特色社会主义道路，为实现宏伟目标、创造美好生活而奋斗。要大力弘扬以爱国主义为核心的民族精神和以改革创新为核心的时代精神，加强爱国主义、集体主义、社会主义教育，引导人们树立正确的历史观、民族观、国家观、文化观。

第八讲

更好满足人民精神文化生活新期待

中华民族的伟大复兴，不仅要在经济发展上创造奇迹，也要在精神文化上书写辉煌。文化是民族的血脉，是人民的精神家园，是一个国家、一个民族的灵魂。文化兴国运兴，文化强民族强。习近平总书记将“兴文化”作为宣传工作的重要使命任务，提出更好满足人民精神文化生活新期待的重要要求，为新时代文艺繁荣、文化发展指明了方向，为广大文化文艺工作者提供了行动指南。

第一节　把提高质量作为文艺作品的生命线

文以载道，艺以修身。中国特色社会主义进入新时代，我国文化供给的主要矛盾已经不是缺不缺、够不够的问题，而是好不好、精不精的问题。这些年，我国文艺创作生产能力大幅提升，但是有影响力、人们普遍认可的好作品还是不够，满足基层、农村的文艺产品供给依然不足。在经济社会发展的同时，人民群众的眼界在拓宽、品位在提升，对思想精深、艺术精湛、制作精良的文艺作品提出了更高要求。[1]

一、坚持以人民为中心的创作导向

创造更多同新时代相匹配的文化精品，实现从“高原”到“高峰”的迈进，就要引导广大文化文艺工作者深入生活、扎根人民，用心用情用功抒写伟大时代，不断推出讴歌党、讴歌祖国、讴歌人民、讴歌英雄的精品力作，书写中华民族新史诗。“文化自信是更基础、更广泛、更深厚的自信，是更基本、更深沉、更持久的力量”。一个文化日益繁荣的中国，将不仅拥有日益增强的经济实力，更拥有不可战胜的精神伟力。人民既是历史的创造者，也是历史的见证者。文艺要反映好人民心声，就要坚持为人民服务、为社会主义服务这个根本方向。这是党对文艺战

1 《更好满足人民精神文化生活新期待——论学习贯彻习近平总书记在全国宣传思想工作会议重要讲话精神》，《人民日报》2018 年 9 月 1 日第 4 版。

线提出的一项基本要求，也是决定我国文艺事业前途命运的关键。

满足人民日益增长的物质需求，必须抓好经济社会建设，增加社会的物质财富。满足人民日益增长的精神文化需求，必须抓好文化建设，增加社会的精神文化财富。近年来，我国文艺创作生产能力大幅提升，但是有影响力、人们普遍认可的好作品还是不够，满足基层、农村的文艺产品供给依然不足。文化文艺工作者要解决好“为了谁、依靠谁、我是谁”的问题，牢固树立人民是历史创造者的观点，自觉以最广大人民为服务对象和表现主体，在人民生产生活中进行美的发现和美的创造。生动展现人民创造历史的伟大进程，用现实主义精神和浪漫主义情怀观照现实生活，歌颂光明、抒发理想，鞭挞丑恶、抵制低俗，给人民信心和力量。紧跟时代发展，把握人民对文艺作品质量、品位、风格等的期盼，创作生产更多人民喜闻乐见的优秀作品，推动人民精神文化生活不断迈上新台阶。

有人曾言，中国人创造了中国文化，中国文化也塑造着中国人。传统文化、革命文化和社会主义先进文化，都可以在人心中找到具体的落点。近年来，从“故宫跑”到“文创热”，从博物馆人头攒动到好演出一票难求，从传统文化节目持续火爆到革命历史剧引来收视热潮……人们对精神文化的需求，已经从缺不缺、够不够，升级为好不好、精不精。井喷的文化需求让人欣喜，也是宣传工作“兴文化”的机遇。文化需求端的升级，要求供给端进行改革，推出更多同新时代相匹配的文化精品，实现从“高原”向“高峰”迈进，为人们提供更丰富、更有营养的精神食粮。

列宁说：“艺术是属于人民的。它必须在广大劳动群众的底层有其最深厚的根基。它必须为这些群众所了解和爱好。它必须结合这些群众的感情、思想和意志，并提高他们。它必须在群众中间唤起艺术家，并使他们得到发展。”[2]人民生活中本来就存在着文学艺术原料的矿藏，人民生活是一切文学艺术取之不尽、用之不竭的创作源泉。文学艺术既要反映人民生产生活的伟大实践，也要反映人民喜怒哀乐的真情实感。大力倡导文艺工作者深入生活、扎根人民，虚心向人民学习、向实践学习，不断进行生活的积累和艺术的提炼。制定支持文艺工作者长期深入生活的经济政策，健全长效保障机制，为他们蹲点生活、挂职锻炼、采风创作提供必要的工作条件和成果展示平台。发挥知名作家艺术家的带头作用，使深入生活、扎根人民在文艺界蔚然成风。

“文变染乎世情，兴废系乎时序。”生活是文艺创作的不竭源泉，新时代为文艺创作提供了源源不断的精神动力和创作资源。扎根广大人民，深入现实生活，永远是搞好文艺创作的不二法门。广大文化文艺工作者要把提高质量作为文艺作品的生命线，用心用情用功抒写伟大时代，不断推出讴歌党、讴歌祖国、讴歌人民、讴歌英雄的精品力作，书写中华民族新史诗，成就新时代文艺创作的新辉煌。立足中国大地、立足时代社会，不断推出讴歌党、讴歌祖国、讴歌人民、讴歌英雄的精品力作，我们抒写的，就将是一部亿万人民同心共筑中国梦的史诗。[3]

马克思说：“人民历来就是作家‘够资格’和‘不够资格’的唯一判断者。”文艺创作方法有一百条、一千条，但最根本的方法是扎根人民。文艺要反映好人民心声，就要坚持为人民服务、为社会主义服务这个根本方向。只有牢固树立马克思主义文艺观，真正做到以人民为中心，

2《列宁论文学与艺术》，人民文学出版社 1983 年版，第 435 页。

3《兴文化，满足美好生活新期待——自觉承担新形势下宣传思想工作使命任务》，《人民日报》2018 年 9 月 8 日。

文艺才能发挥最大正能量。以人民为中心，就是要把满足人民日益增长的美好生活需要作为文艺和文艺工作的出发点和落脚点，把人民作为文艺表现的主体，把人民作为文艺审美的鉴赏家和评判者，把为人民服务作为文艺工作者的天职，用心用情从人民的实践和多彩的生活中汲取营养，不断进行生活和艺术的积累，不断进行美的发现和美的创造。

党的十八大以来，在党中央坚强领导下，宣传战线高举改革旗帜、锐意攻坚克难，推动文化体制改革不断深化，取得一批开拓性、引领性、标志性的创新成果，促进文化事业和文化产业蓬勃发展，开创了社会主义文化建设新局面。乌兰牧骑是全国文艺战线的一面旗帜。习近平回信勉励乌兰牧骑队员说，要大力弘扬乌兰牧骑的优良传统，扎根生活沃土，服务牧民群众，推动文艺创新，努力创作更多接地气、传得开、留得下的优秀作品，永远做草原上的“红色文艺轻骑兵”。[4]

习近平总书记指出，要引导广大文化文艺工作者深入生活、扎根人民，把提高质量作为文艺作品的生命线，用心用情用功抒写伟大时代，不断推出讴歌党、讴歌祖国、讴歌人民、讴歌英雄的精品力作，书写中华民族新史诗。要坚持把社会效益放在首位，引导文艺工作者树立正确的历史观、民族观、国家观、文化观，自觉讲品位、讲格调、讲责任，自觉遵守国家法律法规，加强道德品质修养，坚决抵制低俗庸俗媚俗，用健康向上的文艺作品和做人处事陶冶情操、启迪心智、引领风尚。要推出更多健康优质的网络文艺作品。[5]要推动公共文化服

4 《习近平回信勉励乌兰牧骑队员 大力弘扬乌兰牧骑优良传统 永远做草原上的“红色文艺轻骑兵”》，《人民日报》2017 年 11 月 22 日。

5 习近平：《一个国家、一个民族不能没有灵魂》，《求是》2019 年第 8 期。

务标准化、均等化，坚持政府主导、社会参与、重心下移、共建共享，完善公共文化服务体系，提高基本公共文化服务的覆盖面和适用性。要推动文化产业高质量发展，健全现代文化产业体系和市场体系，推动各类文化市场主体发展壮大，培育新型文化业态和文化消费模式，以高质量文化供给增强人们的文化获得感、幸福感。要坚定不移将文化体制改革引向深入，不断激发文化创新创造活力。

二、推出更多健康优质的网络文艺作品

网络空间也是文化产出的主阵地。网络空间天朗气清、生态良好，符合人民利益。网络空间乌烟瘴气、生态恶化，不符合人民利益。谁都不愿生活在一个充斥着虚假、诈骗、攻击、谩骂、恐怖、色情、暴力的空间。互联网不是法外之地。利用网络鼓吹推翻国家政权，煽动宗教极端主义，宣扬民族分裂思想，教唆暴力恐怖活动，等等，这样的行为要坚决制止和打击，决不能任其大行其道。利用网络进行欺诈活动，散布色情材料，进行人身攻击，兜售非法物品，等等，这样的言行也要坚决管控，决不能任其大行其道。没有哪个国家会允许这样的行为泛滥开来。我们要本着对社会负责、对人民负责的态度，依法加强网络空间治理，加强网络内容建设，做强网上正面宣传，培育积极健康、向上向善的网络文化，用社会主义核心价值观和人类优秀文明成果滋养人心、滋养社会，做到正能量充沛、主旋律高昂，为广大网民特别是青少年营造一个风清气正的网络空间。[6]

主流媒体要牢牢把握网络文化的舆论引导力和话语权，把社会主

6　习近平：《论党的宣传思想工作》，中央文献出版社 2020 年版，第 196 页。

义核心价值观贯穿于各种类型的新闻报道、言论评论、访谈节目、专题节目和影视作品中，使其能够深入到人们头脑中，内化为人们的共同理想和精神追求，外化为人们的行为自觉。网络从业人员要加强自身的社会主义道德教育，树立网络文化“社会效益优先”的理念，坚守为社会主义服务、为人民服务的原则，把是否能够满足广大人民群众的精神文化生活需要作为网络文化产品生产和传播的价值标准。提升网民对网络文化的欣赏和批判能力，自觉维护网络文化积极向上的环境氛围。

只有提高用网水平，增强治网能力，才能化互联网“变量”为“增量”。面对具有虚拟性、匿名性、即时性、去中心性、交互性、多元性等多重特征的互联网络，用好和管好网络不可能徒有热情，更容不得摆花架子，关键还要建立在准确了解和系统把握网络社会运行规律的基础上。要科学认识网络信息传播规律，提高用网治网水平，使互联网这个最大变量变成事业发展的最大增量。准确掌握网民的人员基本结构，了解在网络上积极发表评论建议的网民占多少比例，掌握什么类型的话题容易引发网络热议，把握热点事件中的舆情信息主要传播途径有哪些，熟悉什么是网络谣言的发生变化规律及其应对策略，怎样预防网络舆情次生灾害的发生等。只有这样，提高用网治网水平才不是一句空话，打好网络意识形态攻坚战、将互联网这个最大变量变成最大增量才能顺利实现。

新媒体和新技术日新月异发展，深刻改变了交往方式和传播格局，文字数码化、作品视听化、阅读快餐化、交流拟态化，也催生出新的文艺实践和文艺形态，使网络中出现了数量巨大、种类繁多、形式多样的文艺作品。网络文艺充满活力，发展潜力巨大。坚持“重在建设和发展、管理、引导并重”的方针，实施网络文艺精品创作和传播计划，鼓励推出优秀网络原创作品，推动网络文学、网络音乐、网络剧、微电影、网络演出、网络动漫等新兴文艺类型繁荣有序发展，促进传统文艺与网络文艺创新性融合，鼓励作家艺术家积极运用网络创作传播优秀作品。充分发挥新媒体的独特优势，把握传播规律，加强重点文艺网站建设，善于运用微博、微信、移动客户端等载体，促进优秀作品多渠道传输、多平台展示、多终端推送。加强内容管理，创新管理方式，规范传播秩序，让正能量引领网络文艺发展。

第二节　始终坚持把社会效益放在首位

文化是民族的血脉，是人民的精神家园，是一个国家和民族的灵魂，要坚持社会主义先进文化前进方向，把社会效益放在首位，举精神之旗、立精神支柱、建精神家园。文艺工作者要树立正确的历史观、民族观、国家观、文化观，自觉讲品位、讲格调、讲责任，自觉遵守国家法律法规，加强道德品质修养，抵制低俗庸俗媚俗，用健康向上的文艺作品陶冶情操、启迪心智、引领风尚。受众在哪里，文化创作就要延伸到哪里。互联网时代，要繁荣发展网络文艺，推出更多健康优质的网络文艺作品，形成积极向上的网络审美情趣，更好满足人们多元多样的文化需求。

社会效益是相对于经济效益而言的。经济效益一般指企业利润，社会效益一般指企业及其产品、服务的积极、正面的社会影响和形象。社会效益的实质是通过满足人民群众的根本利益和正当要求，顺应国家的整体利益和发展方向，切实发挥思想保证、精神动力、激励鼓舞等作用。文化企业社会效益的核心要素是承担社会责任、担当正确导向，赞誉社会正气、弘扬民族美德，反对精神鄙俗、拒斥精神鸦片、远离精神污染。[7]

更好满足人民精神文化生活新期待，要坚持把社会效益放在首位。习近平总书记在文艺工作座谈会上讲话指出，“文艺不能当市场的奴隶，不要沾满了铜臭气。优秀的文艺作品，最好是既能在思想上、艺术上取得成功，又能在市场上受到欢迎。”[8]创作人民喜爱的文艺精品，必须端正创作思想。现在，文艺创作中的不良思潮还有一定市场，有的否定党史国史军史，刻意解构经典、抹黑英雄；有的把严肃题材娱乐化，制造噱头、博取哄笑；有的信奉唯票房、唯收视率、唯点击率，导致一些粗制滥造的文化垃圾招摇过市。抵制这些虚无历史、泛娱乐化、泛物质化的错误思潮，就要引导文艺工作者树立正确的历史观、民族观、国家观、文化观，自觉讲品位、讲格调、讲责任，自觉遵守国家法律法规，加强道德品质修养，坚决抵制低俗庸俗媚俗，用健康向上的文艺作品和做人处事陶冶情操、启迪心智、引领风尚，为历史存正气，为世人弘美德，为自身留清名。

创作是中心任务，作品是立身之本。文艺作品在引领社会思潮、促进精神健康等方面具有重要作用。2014 年 10 月 15 日，习近平总书记文艺工作座谈会上提出，文艺工作者要“始终把人民的冷暖、人民的幸福放在心中，把人民的喜怒哀乐倾注在自己的笔端，讴歌奋斗人生，刻画最美人物，坚定人们对美好生活的憧憬和信心。”文艺工作者要牢固树立坚持把社会效益放在首位的理念，自觉担当起追求社会效益的职责和使命。正确处理义利关系，牢记文化担当和社会责任，“认真严肃地

7 程惠哲：《坚持把社会效益放在首位》，《中国社会科学报》2015 年 11 月 16 日。

8 习近平：《论党的宣传思想工作》，中央文献出版社 2020 年版，第 109 页。

考虑作品的社会效果，讲品位，重艺德，为历史存正气，为世人弘美德，为自身留清名，努力以高尚的职业操守、良好的社会形象、文质兼美的优秀作品赢得人民喜爱和欢迎”。[9] 树立精品意识，推出更多思想精深、艺术精湛、制作精良，体现时代文化成就、代表国家文化形象的文艺精品。提高组织化程度，集中力量、集聚资源，推出一批有筋骨、有道德、有温度、艺术震撼力强的大作力作，努力形成文艺创作生产的“高峰”。

2019 年 3 月 4 日，习近平总书记看望参加全国政协十三届二次会议的文化艺术界、社会科学界委员，并参加联组会，听取意见和建议。习近平指出，一个国家、一个民族不能没有灵魂。作为精神事业，文化文艺、哲学社会科学当然就是一个灵魂的创作，一是不能没有，一是不能混乱。文化文艺工作、哲学社会科学工作就属于培根铸魂的工作，在党和国家全局工作中居于十分重要的地位，在新时代坚持和发展中国特色社会主义中具有十分重要的作用。习近平指出，文化文艺工作者、哲学社会科学工作者都肩负着启迪思想、陶冶情操、温润心灵的重要职责，承担着以文化人、以文育人、以文培元的使命。大家社会影响力大，理应以高远志向、良好品德、高尚情操为社会作出表率。明明德，首先要明大德、立大德。新时代的文化文艺工作者、哲学社会科学工作者明大德、立大德，就要有信仰、有情怀、有担当，树立高远的理想追求和深沉的家国情怀，把个人的艺术追求、学术理想同国家前途、民族命运紧紧结合在一起，同人民福祉紧紧结合在一起，努力做对国家、对民族、对人民有贡献的艺术家和学问家。要坚守高尚职业道德，多下苦功、多练真功，做到勤业精业。要自觉践行社会

9　习近平：《论党的宣传思想工作》，中央文献出版社 2020 年版，第 102 页。

主义核心价值观，在市场经济大潮面前自尊自重、自珍自爱，讲品位、讲格调、讲责任，抵制低俗庸俗媚俗。[10]

坚持把社会效益放在首位，核心是守护民族文化之根，关键是涵养中国精神之魂，根本是创作优秀作品，基础是打造德艺双馨的文艺队伍，目标是提供强大的价值引导力、文化凝聚力、精神推动力，通过“举精神之旗、立精神支柱、建精神家园”，为民族凝魂聚气、为时代凝心聚力。习近平总书记指出，文化文艺工作者、哲学社会科学工作者都肩负着启迪思想、陶冶情操、温润心灵的重要职责，承担着以文化人、以文育人、以文培元的使命。大家理应以高远志向、良好品德、高尚情操为社会作出表率。要有信仰、有情怀、有担当，树立高远的理想追求和深沉的家国情怀，努力做对国家、对民族、对人民有贡献的艺术家和学问家。要坚守高尚职业道德，多下苦功、多练真功，做到勤业精业。要自觉践行社会主义核心价值观，自尊自重、自珍自爱，讲品位、讲格调、讲责任，抵制低俗庸俗媚俗。[11]

第三节　以高质量文化供给增强文化获得感、幸福感

改革是文艺繁荣、文化发展的动力所在。坚定不移将文化体制改革引向深入，完善文化管理体制，创新生产经营机制，不断激发文化创新创造活力，才能解决文化发展的不充分不平衡问题。在文化事业

10 习近平：《一个国家、一个民族不能没有灵魂》，《求是》2019 年第 8 期。

11 习近平：《论党的宣传思想工作》，中央文献出版社 2020 年版，第 370 页。

方面，要推动公共文化服务标准化、均等化，坚持政府主导、社会参与、重心下移、共建共享，完善公共文化服务体系，提高基本公共文化服务的覆盖面和适用性。在文化产业方面，要牢牢把握高质量发展这个根本要求，健全现代文化产业体系和市场体系，推动各类文化市场主体发展壮大，培育新型文化业态和文化消费模式，以高质量文化供给增强人们的文化获得感、幸福感。

一、推动公共文化服务标准化、均等化

随着经济社会发展，人们对公共文化服务提出了更高要求，加快构建现代公共文化服务体系、提升服务质量势在必行。要推动公共文化服务标准化、均等化，坚持政府主导、社会参与、重心下移、共建共享，完善公共文化服务体系，提高基本公共文化服务的覆盖面和适用性，打通公共文化服务“最后一公里”，让广大人民群众享受到更多优质公共文化服务。加快实现基本公共文化服务标准化、均等化，需要找准公共文化服务标准体系建设的着重点、突破点和支撑点，让公共文化服务有标准可依。

把握着重点，保基本，促均等，强标准，提升公共文化服务水平。要进一步明确基本公共文化服务的范围，对基本公共文化服务应达到的水平进行规范，加快制定基本公共文化服务分类标准，提升基本公共文化服务标准体系的完整性和实用性。以基层为重点增加公共文化服务与产品供给，加大公共文化资源向城乡基层倾斜力度，推动公共文化服务体系建设重心下移、资源下移、服务下移。坚持以国家基本公共文化服务指导标准和各地实施标准为参照，以贫困地区、偏远地区、困难群众为突破口，借助标准化手段推进区域、城乡和群体间公

共文化服务均等化进程。将经济落后地区和农村地区作为文化精准帮扶的重点服务对象，补齐短板，兜住底线，细化帮扶、验收、退出和后续指导等相应标准，建立精准帮扶长效机制。加强公共文化服务领域的标准制定工作，明确公共文化服务标准化工作的重点领域及关键标准。立足区域实际，在满足基本标准的基础上应允许不同地区根据自身条件制定具有地方特色的发展性标准，充分发挥公共文化服务重点领域标准实施的试点、示范和引领作用。

统筹服务设施网络建设，推动公共文化资源共建共享。规范公共文化服务基础设施建设与管理，提高公共文化服务设施覆盖率和利用率，对基础设施、供给、管理、保障等明确统一标准和要求，集中布局、共建共享，尤其要发挥标志性精品文化设施的引领和辐射功能，保障公共文化服务的效率、品质与公平。重点实施文化共享工程、数字图书馆推广工程和公共电子阅览室建设三大公共数字文化惠民工程，推动基层公共文化资源共建共享。鼓励和引导社会力量参与公共文化服务体系建设，探索建立政府主导、社会参与、机制灵活、政策激励的公共文化服务供给模式，实现公共文化服务供给主体和方式的多元化。加大吸引社会资金参与文化发展项目的力度，通过资助文化项目和活动、政府购买、专项补贴、政府奖励等形式扶助民办非营利性文化机构发展，拓宽公共文化事业的投资渠道。盘活农村文化资源，大力推进优秀传统文化保护与传承。整合农村民间文化资源，在制定保障、服务、评价标准的基础上，重视特色标准提炼，促进优秀传统文化在农村扎根传承，促进历史文脉延续。

逐步完善基本公共文化服务标准体系框架，按照结构合理、层次清晰、配套完善、全面规范、便于操作的要求，逐步完善基本公共文化服务标准体系框架。进一步扩大基本公共文化服务覆盖范围，逐步提高基本公共文化服务保障标准，以“重内容、强服务”为方向，以“地域性、动态性、前瞻性”为突破，构建具有区域特色的基本公共文化服务标准体系框架，实现各级政府保障责任和义务的标准化，公共文化设施建设、管理和服务的标准化，以及工作评价的标准化。加快制定公共文化服务供给与保障标准，以确定提供哪些服务标准以及由具备哪些标准的人员来提供服务。

加快制定与公共文化服务设施布局合理、公共文化活动场所安全、公共文化服务绩效评价有关的规范和标准，推动公共文化服务由制度化向标准化迈进。构建科学合理的公共文化服务绩效评估体系，把维护人民群众文化权益作为公共文化服务标准体系建设的出发点和落脚点，深入研究群众需求，建立以群众满意度为导向的评价标准和反馈机制，推动文化惠民项目与群众文化需求的有效对接。

二、推动文化产业高质量发展

文化兴国运兴，文化强民族强。文化建设既关系到国运兴衰、民族兴亡，也关系到经济发展和人民的美好生活，推动文化产业高质量发展具有重要意义。健全现代文化产业体系和市场体系，推动各类文化市场主体发展壮大，培育新型文化业态和文化消费模式，以高质量文化供给增强人们的文化获得感、幸福感。文化的繁荣兴盛离不开文化产业的发展壮大。进入新时代，坚定不移将文化体制改革引向深入，壮大各类文化市场主体，培育新型文化业态和文化消费模式，必将不断激发文化创新创造活力，以高质量文化供给增强人们的文化获得感、幸福感，书写建设社会主义文化强国的新篇章。

文化产业既涵盖文化产业核心领域，也涵盖文化辅助生产等相关领域。这其中，内容的生产是第一位的。内容是产业的核心，又是产业发展的源头。文化的影响力、传播力、软实力主要在于文化产业核心领域的内容生产及其质量。在文化产业和内容生产方面，要坚持正确的发展导向，始终把社会效益放在首位，实现社会效益和经济效益相统一。进一步加强国家层面对文化建设和产业发展的规划引导，实施文化精品战略，支持、鼓励、推出更多思想精深、艺术精湛、制作精良的文化精品。深入开展中国梦主题文艺创作活动，生动反映改革开放和社会主义现代化建设的伟大实践，全面展示中国特色社会主义发展前景，着力书写人们寻梦的理想和追梦的奋斗，汇聚起同心共筑中国梦的强大精神力量。

文化产业的健康发展离不开相关政策和良好环境保驾护航。统筹城乡区域文化产业发展，根据区位条件、资源禀赋、历史文脉、产业基础、功能定位，实施差异化发展战略，优化文化产业空间布局，形成一批新的文化产业战略节点，通过集合带动、多点支撑、圈层辐射，实现布局合理、分工协作、优势互补、集约高效，构建现代化产业空间布局。加强土地、资本、人才、技术、信息、产权等文化要素市场建设，提高文化资源配置效率。落实文化税收政策，落实经营性文化事业单位转制为企业及支持文化创意和设计服务、电影、动漫、出版发行等文化企业发展的相关政策。加强文化建设用地保障，鼓励将城市转型中退出的工业用地根据相关规划优先用于发展文化产业。加强文化市场综合执法，建立统一开放、竞争有序、诚信守法、监管有力的现代文化市场体系。加快推动文化产业促进法出台，为文化产业发展提供法律保障，努力把文化产业打造成国民经济支柱性产业，满足新时代人民过上美好生活的新期待。

三、大力推进文化体制改革

改革是文艺繁荣、文化发展的动力所在。坚定不移将文化体制改革引向深入，完善文化管理体制，创新生产经营机制，不断激发文化创新创造活力，才能解决文化发展的不平衡不充分问题，推动各类文化市场主体发展壮大，培育新型文化业态和文化消费模式，以高质量文化供给增强人们的文化获得感、幸福感、安全感。

党的十九大强调，必须下更大决心、以更大力度推进政府职能转变。党的二十大进一步强调，坚持把社会效益放在首位、社会效益和经济效益相统一，深化文化体制改革，完善文化经济政策。要深化文化管理体制改革，健全文化市场综合执法机构，完善综合文化行政责任主体，推动政府职能更好地转到政策调节、市场监管、社会管理、公共服务上来，推动政府实现科学管理、依法管理、综合管理。突出文化行业特点，与文化体制改革、政府机构改革和职能转变相衔接，在科学分类的基础上，理顺政府与事业单位的关系，积极探索政事分开、管办分离的有效形式。探索建立健全国有文化资产管理体制，以及管人管事管资产管导向相结合的管理体制，确保国有文化资产保值增值。深入推进文化事业单位内部机制改革，采取先行试点的办法，推动文化馆、博物馆、图书馆建立法人治理结构，完善决策和监督机制，提高服务水平，提升使用效率。推动党报党刊、电台电视台进一步完善管理和运行机制，推动一般时政类报刊社、公益性出版社、代表民族特色和国家水准的文艺院团等单位实行企业化管理。要加快建立产权清晰、权责明确、政企分开、管理科学的现代企业制度，突出文化企业特点，推动已转制的文化企业加快公司制股份制改造，完善法人治理结构，进一步优化企业资产组织形式和经营管理模式，不断提高企业自主经营、自我创新水平。坚持把转企改制与资源重组结合起来，推动文化企业跨地区、跨行业、跨所有制兼并重组，推动文化资源、要素向优质企业、优势产业门类集聚，形成一批核心竞争力强的骨干文化企业。建立健全现代文化市场体系，营造良好的市场环境。积极发展文化产品市场，大力培育技术、信息、人才等要素市场，打破市场分割，健全网络流通，促进文化产品和生产要素在全国范围内合理流动。加快培育资本市场，促进文化资源与金融资本对接，充分利用多层次资本市场，解决文化企业融资难的问题。加快培育产权市场，加强对文化产权交易的管理，完善无形资产评估机制，鼓励和引导文化企业依法进行股权、版权、商标、品牌等方面的交易。

坚持政府主导、企业主体、市场运作、社会参与相结合的方针，统筹国际国内两个市场、两种资源，统筹推进文化交流、文化传播、文化贸易，推动中华文化走向世界。鼓励文化企业深入挖掘民族文化资源，开发国外受众易于接受的文化产品和服务，加强译制、推介等方面扶持，推出更多具有中国特色、中国风格、中国气派的优秀民族文化品牌。积极探索以文化企业为主体走出去的途径办法，发展壮大一批外向型文化企业，加快形成文化出口竞争新优势，扩大文化产品和服务出口，更好地推动中华文化走向世界，增强国家文化软实力。大力促进对外文化贸易发展，搞好国家对外文化贸易基地建设和管理工作。积极吸收借鉴国外一切优秀文化成果，同时保护和维护好民族文化，弘扬先进文化，鼓励健康文化，提倡高雅文化，发展通俗文化，确保意识形态安全和文化安全。

第九讲

不断提升中华文化影响力

一个大国发展兴盛，必然要求文化影响力大幅提升，实现软实力和硬实力相得益彰。习近平总书记提出了“展形象”的重要使命任务，要求“推进国际传播能力建设，讲好中国故事、传播好中国声音，向世界展现真实、立体、全面的中国”，为我们在新形势下做好外宣工作、提高国家文化软实力，指明了方法路径。

第一节　当前外宣工作面临的问题与机遇

我们党历来高度重视对外传播工作。党的十八大以来，我们大力推动国际传播守正创新，理顺内宣外宣体制，打造具有国际影响力的媒体集群，积极推动中华文化走出去，有效开展国际舆论引导和舆论斗争，初步构建起多主体、立体式的大外宣格局，我国国际话语权和影响力显著提升，同时也面临着新的形势和任务。必须加强顶层设计和研究布局，构建具有鲜明中国特色的战略传播体系，着力提高国际传播影响力、中华文化感召力、中国形象亲和力、中国话语说服力、国际舆论引导力。[1]

基于对外传播工作的重要性，党的二十大报告专门把“增强中华文明传播力影响力”作为新时代文化强国建设的重要任务目标，强调要坚守中华文化立场，提炼展示中华文明的精神标识和文化精髓，加快构建中国话语和中国叙事体系，讲好中国故事、传播好中国声音，展现可信、可爱、可敬的中国形象。加强国际传播能力建设，全面提升国际传播效能，形成同我国综合国力和国际地位相匹配的国际话语

1 《习近平在中共中央政治局第三十次集体学习时强调 加强和改进国际传播工作 展示真实立体全面的中国》，《人民日报》2021 年 06 月 02 日。

权。深化文明交流互鉴，推动中华文化更好走向世界。[2]

当前，外宣工作处于历史最好时期，同时也面临最大压力。一方面，我国日益走近世界舞台中央，提出的构建人类命运共同体、共建“一带一路”等得到国际社会广泛认同，我国的国际影响力、感召力、塑造力日益提升。另一方面，世界正处于百年未有之大变局之中，国际舆论格局“西强我弱”的差距虽然正在缩小，但并没有得到根本改变，我们增强国际话语权、提升国家文化软实力任务之艰巨前所未有。对此，我们要保持战略定力，积极主动做工作，推动对外宣传创新，着力重塑外宣业务、重整外宣流程、重构外宣格局，努力开创外宣工作新局面。

“落后就要挨打、贫穷就要挨饿、失语就要挨骂”。经过长期不懈的努力，我国已从根本上扭转了落后、贫穷的局面，但在国际社会“挨骂”的问题仍未得到有效解决。冷战结束以来，随着全球化进程的加快，人员、商品和信息的跨国流动日益频繁。在传播领域，政府间或民间的跨国组织、个人在跨国传播中的作用受到高度重视，传统的“传播霸权”概念逐渐淡化，任何对“信息自由流通”的管理和限制都要受到多方责难。

中国特色社会主义进入新时代，国际社会对中国发展的关注、认同与日俱增，但“中国威胁论”“中国崩溃论”等噪音杂音依然存在。面对新形势、新任务，唯有把握大势、区分对象、精准施策，才能讲好中国故事，让世界深入了解中国，为我国发展营造良好国际环境。提高我国国际话语的说服力，需要透彻了解国家和世界发展的大势。习近平

2 习近平：《高举中国特色社会主义伟大旗帜 为全面建设社会主义现代化国家而团结奋斗——在中国共产党第二十次全国代表大会上的报告》，《人民日报》2022年10月26日。

总书记指出，在全面对外开放的条件下做宣传思想工作，一项重要任务是引导人们更加全面客观地认识当代中国、看待外部世界；对世界形势发展变化，对世界上出现的新事物新情况，对各国出现的新思想新观点新知识，我们要加强宣传报道，以利于积极借鉴人类文明创造的有益成果。这就要求我国的国际传播工作者要不断学习、调研和思考，做到胸中有丘壑，能准确把握政策导向，阐明中国立场和观点。[3]

提高我国国际话语的说服力，需要扩大视野、强化议题设置能力。就新闻报道而言，长期以来我国媒体的国际报道侧重于热门的国际新闻事件，尤其是与发达国家直接或间接相关的新闻事件。这符合新闻报道的一般规律，但也往往落入西方大国设置的政策议题之中。为此，在保持重大国际热点问题不失语的同时，我们的国际传播应增强议题设置的主动性，适当扩大议题范围，增加较有深度的常规性、专题性内容，努力反映发展中国家民众的呼声和诉求。广大发展中国家作为一个整体有着许多共同的历史遭遇和发展要求，又都有着各自独特的国情和发展历程，它们走过的道路，不管是经验还是教训，对于我们都有着重要的参考价值。

随着我国综合国力的提升，国际社会对我国的文化价值观日益关注，汉语和中华文化的研习正在世界各地蓬勃开展，我国价值理念的国际传播正面临前所未有的有利条件。与此同时，对中国发展道路的疑虑仍然普遍存在，西方国家往往基于其传统国际关系理论视角，很难理解中国的和平发展道路。“国强必霸”的逻辑在西方国际关系历史中一再重现，而我国传统文化中的“和为贵”“为而不争”等价值

3　习近平：《论党的宣传思想工作》，中央文献出版社 2020 年版，第 17 页。

理念还需要进一步深入人心。

中华民族在几千年历史中创造和延续的中华优秀传统文化，是中华民族的根和魂，也是我们最深厚的文化软实力。从天下为公、世界大同，到自强不息、厚德载物，再到仁者爱人、以德立人，传统文化中蕴含的思想观念、人文精神、道德规范，对于解决当代人类面临的难题具有重要启示意义。把优秀传统文化的精神标识提炼出来、展示出来，把优秀传统文化中具有当代价值、世界意义的文化精髓提炼出来、展示出来，我们就能启人入“道”、引人悟“道”，更加有效地传播中国理念，促进文明交流互鉴。讲好中国故事，既是责任担当，也要遵循规律、改革创新。新形势下，担当职责使命、锤炼能力本领，宣传战线定能让中国故事精彩讲述、让中国形象深入人心，不断提高国家文化软实力和中华文化影响力，为服务党和国家事业发展作出更大贡献。

第二节　讲好中国故事、传播好中国声音

讲好中国故事是外宣工作的基本方法，也是提升中华文化影响力的基本途径。善于通过故事传播理念、以理服人、以情动人，是中国共产党人的优良传统。今天，中国故事最精彩的主题，是讲清楚中国共产党为什么能、马克思主义为什么行、中国特色社会主义制度为什么好。我们要围绕国际社会关注的问题，主动宣介习近平新时代中国特色社会主义思想，主动讲好中国共产党治国理政的故事、中国人民奋斗圆梦的故事、中国坚持和平发展合作共赢的故事，加深世界对中国共产党执政理念的了解，增强各国对当代中国改革发展的认识，生动展现一个和平

发展、多姿多彩、文明进步的中国，让世界更好了解中国。

中国有5000多年的文明史，中国是人类神话传说的主要发源地之一，中国有极其灿烂的优秀传统文化。当前中国改革开放的伟大实践，正在孕育着人类从未体验过的伟大故事，只有讲好中国故事，才能真正把文化自信展示在世界面前。“一个故事胜过一打道理。”从毛泽东同志向美国记者斯诺、史沫特莱等人讲述“延安故事”，到习近平总书记通过讲故事介绍中国道路和共建美好世界的理念主张，善于通过故事传播理念、以理服人、以情动人，是中国共产党人的优良传统。

2021年5月31日，中共中央政治局就加强我国国际传播能力建设进行第三十次集体学习，习近平总书记在主持学习时指出，要加快构建中国话语和中国叙事体系，用中国理论阐释中国实践，用中国实践升华中国理论，打造融通中外的新概念、新范畴、新表述，更加充分、更加鲜明地展现中国故事及其背后的思想力量和精神力量。要加强对中国共产党的宣传阐释，帮助国外民众认识到中国共产党真正为中国人民谋幸福而奋斗，了解中国共产党为什么能、马克思主义为什么行、中国特色社会主义为什么好。要围绕中国精神、中国价值、中国力量，从政治、经济、文化、社会、生态文明等多个视角进行深入研究，为开展国际传播工作提供学理支撑。要更好推动中华文化走出去，以文载道、以文传声、以文化人，向世界阐释推介更多具有中国特色、体现中国精神、蕴藏中国智慧的优秀文化。要注重把握好基调，既开放自信也谦逊谦和，努力塑造可信、可爱、可敬的中国形象。[4]

---

4 《习近平在中共中央政治局第三十次集体学习时强调 加强和改进国际传播工作 展示真实立体全面的中国》，《人民日报》2021年06月02日。

讲好中国故事，既是责任担当，也要遵循规律、改革创新。要把握大势、区分对象、精准施策，积极创新宣传理念、话语体系、运行机制，拓展传播渠道、方式方法，提高专业化精准化水平，完善国际传播工作格局，汇聚更多资源力量，让外宣工作更具创造力、感召力、影响力。同时，要采用外国人听得懂、易接受的话语体系和表述方式生动鲜活地讲，贴近中国实际、贴近国际关切、贴近国外受众入情入理地讲，平等待人、虚怀若谷、真诚亲和地讲。

讲好中国故事，要主动发声，增强国际话语权。要主动发声，让国际社会和广大公众知道中国做了什么，还要做些什么。争取国际话语权是我们必须解决好的一个重大问题。讲好中国故事，要加强话语体系建设，重视议题设置。要创新对外话语表达方式，研究国外不同受众的习惯和特点，采用融通中外的概念、范畴、表述。要提高议题设置能力，善于提出既体现中国立场、中国价值，又能够被外国受众理解和接受的观点、主张，真正做到“中国话语、国际表达”。

讲好中国故事，要开展多种形式对外传播，增强影响力。要用好新闻发布机制，用好高端智库交流渠道，用好重大活动和重要节展赛事平台，用好中华传统节日载体，用好海外文化阵地，用好多种文化形式，让中国故事成为国际舆论关注的话题，让中国声音赢得国际社会理解和认同。

讲好中国故事，要把握好时度效。时度效是检验新闻舆论工作水平的标尺，要抓住时机、把握节奏、讲究策略，从时度效着力，体现时度效要求，增强中国故事的吸引力感染力，让人爱听爱看。讲好中国故事，要善用新媒体新技术。随着新媒体快速发展，国际国内、线上线下、虚拟现实等界限日益模糊，构成了越来越复杂的大舆论场。

讲好中国故事，既需要生动精彩的内容，也需要有影响力的传播渠道。要强化互联网思维，构建起立体多样、融合发展、联通世界的现代化对外传播体系。

讲好中国故事，不仅是一个外宣问题，而且是一个内宣问题，需要国际国内宣传内外贯通、同频共振。传播中国声音，不仅是一个舆论传播问题，而且是一个软实力培育问题，需要经济支持、文化着力。共塑中国形象，不仅是宣传者的问题，而且是所有人的问题，需要共谋共享、齐抓共管。[5]

第三节　展现真实、立体、全面的中国

随着中国日益走近世界舞台中央，中国与世界深度融合、相互激荡，讲好中国故事，传播好中国声音，向世界展现真实、立体、全面的中国，是宣传战线的重要使命任务。传播力决定影响力，话语权决定主动权。完善国际传播工作格局，创新宣传理念、创新运行机制，汇聚更多资源力量，我们就能让中华文化更好走向世界，让世界更好了解中国，为实现“第二个百年”奋斗目标和中华民族伟大复兴的中国梦营造良好国际舆论环境。

文化是一个国家、一个民族的灵魂。做好外宣工作，不断提升中华文化影响力，既要宣介优秀传统文化，也要传播优秀当代文化。中

5　殷陆君：《新时代怎样讲好中国故事》，《学习时报》2018 年 05 月 28 日。

华优秀传统文化是中华民族的根和魂，也是我们最深厚的文化软实力。传统文化中蕴含的思想观念、人文精神、道德规范，对于解决当代人类面临的难题具有重要启示意义。同时要注重展示当代中国的发展进步、当代中国人的精彩生活，推动反映当代中国发展进步的价值理念、文艺精品、文化成果走向海外，既要入乡随俗又要入情入理，努力进入主流市场、影响主流人群。

“展形象”是宣传工作的重要内容和任务。习近平总书记指出：“展形象，就是要推进国际传播能力建设，讲好中国故事，传播好中国声音，向世界展现真实、立体、全面的中国，提高国家软实力和中华文化影响力。”[6]好的形象不仅可以提高国家软实力，还能形成一种强大的凝聚力和辐射力。软实力是指国家所凝聚的文化与意识形态力量总和，主要是指国家的制度创新和规则的制定能力、文化意识形态的影响力、民族凝聚力、国家发展战略及其决定机制。习近平总书记强调：“要注重塑造我国的国家形象，重点展示中国历史底蕴深厚、各民族多元一体、文化多样和谐的文明大国形象，政治清明、经济发展、文化繁荣、社会稳定、人民团结、山河秀美的东方大国形象，坚持和平发展、促进共同发展、维护国际公平正义、为人类作出贡献的负责任大国形象，对外更加开放、更加具有亲和力、充满希望、充满活力的社会主义大国形象。”[7]

2021 年 5 月 31 日，习近平总书记在主持中央政治局第三十次集体学习时强调，要广泛宣介中国主张、中国智慧、中国方案，我国日

6 《习近平在全国宣传思想工作会议上强调 举旗帜聚民心育新人兴文化展形象 更好完成新形势下宣传思想工作使命任务》，《人民日报》2018 年 08 月 23 日。

7 《习近平谈治国理政》，外文出版 2014 年版，第 162 页。

益走近世界舞台中央，有能力也有责任在全球事务中发挥更大作用，同各国一道为解决全人类问题作出更大贡献。要高举人类命运共同体大旗，依托我国发展的生动实践，立足五千多年中华文明，全面阐述我国的发展观、文明观、安全观、人权观、生态观、国际秩序观和全球治理观。要倡导多边主义，反对单边主义、霸权主义，引导国际社会共同塑造更加公正合理的国际新秩序，建设新型国际关系。要善于运用各种生动感人的事例，说明中国发展本身就是对世界的最大贡献、为解决人类问题贡献了智慧。[8]

当前，世界已经进入移动互联网时代，新媒体的传播方式已经不同于传统意义上的叙事方式。一些国家和区域都在全方位领域、利用多种语言等方式进行传播，这对于立体传播区域形象、国家形象的影响将会越来越大。一方面，网络媒体快速发展形势下，全方位、多种语言等方式的传播可以有效扩大受众范围，使区域外使用不同语种的人们能够快速感知即使空间距离很远地区的各种信息，进而形成对这一地区区域形象、国家形象的认知；另一方面，借助网络媒体的传播特点和方式，外语种传播内容会迅速转换为汉语在国内媒体再度生发影响力，达到“墙外开花墙内红”的传播效果。因此，传统媒体和新媒体要全面融合传播，紧紧围绕展现历史的中国、现实的中国、世界的中国，主动讲好中华民族的文明史、中国人民近代以来的斗争史、中国共产党的奋斗史、新中国的发展史和改革开放的创业史，立体展示全面完整的中国。“展现真实、立体、全面的中国”，需着重解决

8 《习近平在中共中央政治局第三十次集体学习时强调 加强和改进国际传播工作 展示真实立体全面的中国》，《人民日报》2021 年 06 月 02 日。

以下三个方面问题：

1. **能力水平**。推进国际传播能力建设。即使有再好的中国形象，如果没有能力展示出去，也是不能让世界上其他国家了解中国，认识中国。因此，我们必须抓住改革开放，“一带一路”这个大背景，努力推进国际传播的能力建设。我们要在纸质媒体，电视媒体、互联网媒体上大做文章。我们不仅要在国内办好各类媒体的传播工作，更重要的是要走出去，在世界上其他国家办好自己的多媒体。也可以利用国外媒体，传播中国的“好形象”。

2. **内容目标**。讲好中国故事、传播好中国声音，向世界展现真实、立体、全面的中国。这就要求我们要增强政治意识和责任意识，把建设有中国特色的社会主义的故事大张旗鼓地讲出去，把对内深化改革，对外扩大开放讲给世界人民听，把建设“人类命运共同体”的理念讲好，把社会主义核心价值观讲清，把“一带一路”的伟大构想讲细，把和平发展、合作共赢理念讲透。通过国际传播，要让世界人民，从各个方面，全面了解中国，真正让他们看到一个“真实、立体、全面的中国”，让中国的形象，特别是中国的“好形象”能在世界人民心中占据重要的位置。

3. **意义作用**。提高国家文化软实力和中华文化影响力。只有当我们的“好形象”被别人充分了解后，他们才会真正的认识你，了解你，从而尊重你。通过“展形象”，我们可以取得世界人民更多的信任，增加更多的交流。如果我们伟大的“中华文化”能够深入世界人民的心里，就会取得更多的共识，我们的国际地位和国际竞争力就会得到显著的提升。

第十讲

建设新时代高素质宣传工作队伍

宣传工作是专业性很强的工作，没有几把刷子是干不了的，没有高素质、好把式、真功夫是干不出漂亮活的。面对前所未有的艰巨任务，进一步提升宣传干部的本领能力，比以往任何时候都更加重要、更为紧迫。宣传干部要不断掌握新知识、熟悉新领域、开拓新视野，增强本领能力，加强调查研究，不断增强脚力、眼力、脑力、笔力，努力打造一支政治过硬、本领高强、求实创新、能打胜仗的宣传工作队伍。

第一节　着力提高新时代宣传干部的五种能力

新时代宣传干部要着力提高把握正确方向导向的能力、巩固壮大主流思想文化的能力、强化意识形态阵地管理的能力、加强网上舆论宣传和斗争的能力、处理复杂问题和突发事件的能力。[1]

一、把握正确方向导向的能力

舆论导向是新闻工作的旗帜和灵魂，坚持正确的舆论导向是新闻工作的根本。因此，提升舆论引导能力，必须把坚持正确的导向放在第一位，必须把舆论导向的主动权牢牢抓在手上。

第一，坚持党性原则。宣传工作处在意识形态领域的最前沿，守好意识形态阵地，发挥好引领作用，增强社会主义意识形态的吸引力和凝聚力，是宣传战线的重大政治责任。我们应牢固树立政治意识、大局意识、责任意识和阵地意识，把坚持正确导向放在宣传工作的首位，唱响主旋律，打好主动仗，更加自觉地为全面建设社会主义现代化国家服务，为改革发展稳定大局服务；要在事关政治方向、政治原则的问题上保持清醒头脑，在重大问题、敏感问题、热点问题上把好关、把好度；要始终高举中国特色社会主义伟大旗帜，用马克思主义牢牢

1 《让党的旗帜在宣传思想战线高高飘扬——论学习贯彻习近平总书记在全国宣传思想工作会议重要讲话精神》，《人民日报》,2018 年 9 月 3 日。

占领意识形态领域主阵地，确保思想舆论始终沿着正确的方向发展；要大力加强社会主义核心价值观建设，推进社会主义核心价值观进机关、进企业、进社区、进学校、进农村，切实把体现党的意志与反映人民群众心声统一起来。

第二，坚持马克思主义新闻观。当今时代是一个思想大激荡，观念大碰撞，文化大交融的时代。在这一背景下，人们对许多问题的判断标准、衡量尺度、价值观念都已经或正在发生变化，面对层出不穷的社会热点、难点、焦点问题，需要我们每一位宣传工作者旗帜鲜明地坚持马克思主义新闻观，牢牢把握正确的舆论导向不动摇，以正确的舆论引导社会思潮，决不能在宣传上出现任何偏差；要始终坚持团结稳定鼓劲、正面宣传为主，充分发挥新闻媒体宣传党的主张、弘扬社会正气、通达社情民意、引导社会热点、疏导公众情绪、搞好舆论监督的重要作用，努力在全社会形成积极健康、昂扬向上的主流舆论。

第三，坚持正面宣传为主。围绕中心、服务大局是宣传工作的永恒主题，也是宣传工作的主要任务。我们要始终坚持社会效益第一的原则，以最广大人民的根本利益为最高利益，把对党负责和对人民负责有机统一起来，大力讴歌人民群众的生动实践和英雄业绩，动员和激励广大人民群众投身改革开放和现代化建设的伟大实践；要唱响主旋律、打好主动仗、掌握主动权。对重大事件、重大任务的宣传报道，要坚持早作准备、精心策划、及时调控，在重大问题、突发事件、热点焦点上正确引导、主动引导、有效引导；对社会舆情动态，要保持清醒认识，在上情下达、正确有效地宣传党和政府方针政策的同时，也要全力确保“下情上达”，畅通民情民意的反映渠道，因势利导化解社会矛盾，将多元的社会思潮或思想意识引导到正确健康的舆论轨道上来，形成有利于社会发展进步的合力和主流意识。

二、巩固壮大主流思想文化的能力

习近平总书记指出，要把握正确舆论导向，提高新闻舆论传播力、引导力、影响力、公信力，巩固壮大主流思想舆论。[2] 伟大的时代呼唤昂扬奋进的精神，伟大的事业需要积极向上的舆论力量。只有主流思想舆论传得开、传得远、传得广，才能凝聚人心，鼓舞士气，推动发展。牢牢把握正确舆论导向，唱响主旋律，壮大正能量，充分发挥主流思想舆论的功能和作用是宣传工作的重要职责使命。

第一，巩固壮大主流思想舆论，必须坚持党管宣传、党管意识形态的根本原则，坚持正确政治方向，站稳政治立场，自觉在思想上政治上行动上同以习近平同志为核心的党中央保持高度一致，坚定宣传党的理论和路线方针政策，做到旗帜鲜明坚持真理，立场坚定批驳谬误，敢于举旗亮剑、勇于激浊扬清、善于引领发声，始终保持住以我为主的战略定力。

第二，巩固壮大主流思想舆论，必须顺应大势、勇于创新、勇于变革。当前，舆论环境、媒体格局、传播方式正在发生深刻变化，我们要紧跟形势，既要着力推动融合发展，不断巩固和拓展党的新闻舆论阵地；又要加强传播手段和话语方式创新，让党的创新理论在基层落地生根，增强主动性、掌握主动权、打好主动仗。

第三，巩固壮大主流思想舆论，要充分认识到新闻舆论的重心始终在基层，坚持从群众中来到群众中去的工作方法，与人民同行，听

2　习近平：《论党的宣传思想工作》，中央文献出版社 2020 年版，第 340 页。

人民呼唤，为人民发声，用群众的语言、喜闻乐见的形式，宣传科学理论、阐释方针政策、传播主流价值，更好地引导群众服务群众，努力把党的正确主张变为群众的自觉行动。

第四，巩固壮大主流思想舆论，要压实压紧各级党委（党组）主体责任，做到任务落实不马虎、阵地管理不懈怠、责任追究不含糊，在宣传战线建立一支政治过硬、本领高强、求实创新、能打胜仗的队伍，让习近平新时代中国特色社会主义思想深入人心，把全党全国人民士气鼓舞起来、精神振奋起来，朝着党中央确定的宏伟目标团结一心向前进。

三、强化意识形态阵地管理的能力

社会历史发展表明，意识形态作为政党、国家和民族的政治理想、社会导向、思想准则，直接关系到举什么旗、走什么路等根本问题。在全球化态势下，意识形态领域日益呈现出多极化发展、演变更加快捷、渗透方式更加隐蔽、传播渠道更加多元、冲突和碰撞更加激烈，对我国主流意识形态的认同造成了严峻挑战与考验。由此，做好我国意识形态管理，必须坚持正确政治方向，站稳政治立场，严防政治性差错。要始终绷紧导向这根弦，讲导向不含糊、抓导向不放松。要始终坚持马克思主义在意识形态领域的指导地位，不断巩固全党全国人民团结奋斗的共同思想基础，始终不渝地从思想上政治上行动上同党中央保持高度一致。

当前世界的激烈竞争不仅体现在经济、物质、科技上，更体现在精神和文化当中。经济全球化浪潮当中，中国传统的优秀思想和文化软实力成为中国在世界文化冲击下获得绝对竞争力的制胜法宝。随着世界全球化的实现，互联网时代的变革，经济科技竞争日趋激烈，中国国家力量不断壮大，中国国家地位日益提高，国家意识形态阵地的重要性不但没有减弱，反而在当今时代显得越来越重要，越来越严峻，越来越激烈。在世界文化相互博弈激荡的大潮当中，中国必须时刻坚持意识形态主阵地不松懈，始终坚守好宣传工作“最后一公里”。

在当下日新月异发展的信息社会当中，网上充斥着大量的信息，各种思想文化相互争鸣，当前网络以其开放性，互动性，海量性，实时性等特征，使得当前的信息传播速度加快，事件发酵速度以指数倍增长，从而导致思想文化在传播的过程中发生衍生、失实、变异等结果。因此，不论我们党所处的历史方位和执政条件发生怎样的变化，时代特点如何变革，意识形态主阵地都不能丢。我们要努力把已有的阵地巩固好，把失去的阵地夺回来，把还没有建设的阵地建起来，构筑起意识形态阵地的铜墙铁壁。强化意识形态阵地管理的能力，对于巩固思想舆论阵地，把握最后一公里的舆论引导力，提高国际影响力、增强国民凝聚力具有重要意义。[3]

四、加强网上舆论宣传和斗争的能力

互联网是当前我们面临的最大变量之一，用得好就能使社会风清气正充满正能量，用不好就有可能成为风险隐患和负面舆论的放大器，信息网络化已经对我国意识形态的控制力形成挑战。与传统的文化传播方式不同，网络传播具有自由性、快捷性、交互性、开放性、海量性等特点。借助互联网这一新技术平台，我国社会主义意识形态的传

3　谢光勇:《习近平意识形态管理思想探析》,《中共云南省委党校学报》2016年第3期。

播获得了新的技术载体、新的传播渠道和新的言论空间，有助于增强社会主义意识形态的传播力、吸引力和凝聚力。但同时，信息网络化也严峻考验着我国意识形态的控制力。网络意识形态具有非对称性和强大的渗透性，西方发达的网络技术手段和强势的文化输出对我国意识形态的传播和防御能力构成很大挑战，由于这种巨大的“数字鸿沟”，西方发达国家控制着意识形态的话语霸权，凭借信息技术和网络优势将其意识形态、价值理念强加于人，使受众不可抗拒地对西方文化产生亲近感、信任感，从而实现其“和平演变”的目标。

网络具有开放性、多元性和交互性的特点，一方面为人们提供了获取信息和言论表达的新途径，网络一定程度上成为化解社会矛盾、疏导社会不良情绪的减压阀；另一方面，开放、多元、交互的信息传播方式加大了我国意识形态的控制难度，人们在海量的信息面前也可能不再被动接受主导媒体的灌输和教育，不再简单追随主流意识形态，导致对主流意识形态认同的弱化。

因此，在加强网上舆论宣传和斗争的能力上，首先，要坚持党的新闻舆论的正确方向，营造风清气正的网络空间。要把党管媒体的原则贯彻到网络新媒体空间，增强网络阵地意识和政治敏锐性与政治鉴别力。强化网络阵地意识和斗争意识，在网络舆情引导上，主动发声，注重发挥专家、学者的作用，积极开展网上舆论斗争。大力加强网络阵地建设，善于运用网言网语，做强正面宣传，做好网络舆论引导工作。其次，要把网上新闻舆论作为宣传工作的重中之重，牢牢把握互联网信息传播特性、科学认识网络舆论生态传播规律，提高用网治网水平，有效应对互联网成为舆论主渠道、主阵地、主战场的新变化，形成网上网下协同发展，增进社会共识，以此掌握舆论战场的主导权。第三，要理顺互联网管理体系，在组织架构上建立权责相统一的管理机构，纵向深入指导、协调、监管网络信息的发布和新闻媒体的运营。在人员调度上成立网络新闻发言人、网络舆情分析师等工作队伍，横向把控整体网络空间和舆论引导工作。最后，要建立高效的舆情监测分析平台，利用统计学理论、信息科学技术、网络搜索引擎等技术抓取热点话题，及时掌握网络舆情热点和动向，自动生成网络舆情分析报告，及时化解社会负面情绪。

五、处理复杂问题和突发事件的能力

在全面深化改革背景下，思想观念多元，利益诉求多元，网络舆情与现实利益、思想问题与实际问题往往交织在一起。如果缺乏舆情应对经验，缺少意识形态敏感性，就有可能使得网络舆情问题演化为严重的意识形态问题，甚至是群体性突发事件。因此，宣传战线领导干部要具有处理复杂问题和突发事件的能力。

首先，要有敏锐的洞察力。对舆情突发事件的性质、发展趋势、社会影响等作出准确及时的判断和评估，并迅速作出敏锐的洞察与反应，是应对各种可能出现的情况、从最坏处着眼争取最好结果的根本前提。敏锐性的培养，一靠深入细致的调查研究和分析判断，及时做到对各种新情况、新问题胸中有数；二靠及时捕捉和占有相关的信息，做到在第一时间掌握了解事件苗头和动态；三靠勇担责任的精神品质，要有高度的政治责任感和社会责任感，以负责的态度直面矛盾、果断处置。

其次，要有快速的反应力。处置舆情突发事件之所以比较困难，根本原因在于事发突然，客观上缺乏足够的时间进行充分准备与系统思考。提高应对突发事件的快速反应力，要有一种常备不懈的精神状态。就是在思想上精神上时刻保持充分的警惕性，对各项工作中可能发生的事情，绝不能有侥幸麻痹心理。要有一种日常工作的超前思维状态，善于立足本地本单位实际，超前科学制订好各种处置方案。要有一种有效的团体组织动员状态，确保在短时间内能够迅速组织、动员和影响群众。

最后，要有细致的疏导力。努力做好群众思想政治工作和心理疏导工作，坚持充分相信群众，一切依靠群众，是成功处置舆情突发事件的关键。注重抓住关键的人，用好有影响的人，努力整合各方面力量，千方百计做好正面宣传和正面沟通工作，绝不能被动应对、顺其自然。要注重因情施策，针对不同事件的成因和事态走向、对症下药，促使问题和矛盾尽快得到解决。

第二节　不断增强“脚力、眼力、脑力、笔力”

做好新形势下宣传工作，关键在人、在队伍。习近平总书记强调，要不断增强脚力、眼力、脑力、笔力，努力打造一支政治过硬、本领高强、求实创新、能打胜仗的宣传思想工作队伍。[4]“脚力、眼力、脑力、笔力”，是一个表述生动、内涵丰富、相互联系、相互促进的有机整体，

4　习近平：《论党的宣传思想工作》，中央文献出版社 2020 年版，第 342 页。

是新时代宣传工作队伍综合素质、能力水平、精神风貌的集中体现。[5]宣传工作进入守正创新的重要阶段，全面增强宣传工作队伍“四力”，对于推动宣传思想战线在政治上强起来、工作上强起来，更好承担起举旗帜、聚民心、育新人、兴文化、展形象的使命任务，凝聚砥砺奋进新时代、同心共筑中国梦的磅礴力量，具有十分重要的意义。

一、增强脚力，大兴调查研究之风

增强“四力”中，把增强“脚力”放在第一位，这不仅是对宣传工作者的要求，全体党员干部，尤其是领导干部都应该遵循。脚力，就是迈开双脚到基层去、到群众中去、到实践中去，这其中蕴含着丰富的马克思主义的立场、观点、方法，是唯物史观在宣传工作中的集中体现。脚力是全部宣传工作的源头，眼力、脑力、笔力归根到底要从脚力中得来。练就好脚力，是一种工作方法，更是一种工作态度，俯下身、扎下根，需要的是一种踏踏实实的态度。心浮气躁，心高气傲，只能让自己飘在上面、浮在表面。“脚力”要求我们刻苦学习，既要勤下基层，更要苦学原著，把理论和实践有机结合起来，进一步掌握马克思主义的基本原理、基本方法，进一步深刻了解世情、国情、民情。只有锤炼过硬的脚力，宣传工作才有坚实的实践基础。只有练就过人的脚力，宣传工作才能真正走到基层去、走进群众心中、在群众中走得长久。要把实践和基层当作最好的课堂，把人民群众当作最好的老师，大兴调查研究之风，扑下身子、沉到一线，把情况问题摸清楚，

5 《增强“四力”打造过硬队伍——论学习贯彻习近平总书记在全国宣传思想工作会议重要讲话精神》,《人民日报》2018 年 9 月 4 日。

把好招、实招提出来。

增强脚力的实质是增强实践思维、群众思维。人民是社会运动的主体，也是宣传工作的主角。宣传工作本质上是群众工作，是总结提炼人民群众伟大创造的过程，从而实现人民群众的自我教育，是从群众中来、到群众中去的过程。习近平总书记强调，宣传工作者“要树立以人民为中心的工作导向，把服务群众同教育引导群众结合起来，把满足需求同提高素养结合起来，多宣传报道人民群众的伟大奋斗和火热生活，多宣传报道人民群众中涌现出来的先进典型和感人事迹”。[6] 2019 年习近平总书记看望政协会议文艺界社科界委员，对文艺工作者说了一段话“要跳出身边小小的悲欢，走进实践深处，关照人民生活，表达人民心声”，再次强调坚守人民立场。[7] 要积极创造条件，把“深入生活、扎根人民”活动推向深处，推动电视剧工作者创作出真正激荡人心的作品。近年来宣传思想战线的大走访、大调研活动，新闻舆论部门开展的“走转改”“新春走基层”活动，宣传文化部门“三下乡”活动等，都是以群众思维增强脚力的重要形式。理论工作者始终要坚持以人民为中心，扛起责任担当，多到实地调查研究，了解百姓生活状况、把握群众思想脉搏，着眼群众需要解疑释惑、阐明道理，把学问写进群众心坎里，以奋斗者的姿态扎根人民、服务人民，在实践中以大担当、大作为深刻回答“为谁创作、为谁立言”的问题。

增强脚力必须要重视调查研究、善于调查研究。调查研究是一种领导方法和工作方法，是各级领导干部必须具备的基本功。重视调查

---

6 习近平：《论党的宣传思想工作》，中央文献出版社 2020 年版，第 16 页。

7 习近平：《一个国家、一个民族不能没有灵魂》，《求是》2019 年第 8 期。

研究、善于调查研究，是我们必须始终坚持和发扬的优良传统和作风，是中国革命、建设和改革取得胜利的重要法宝。早在井冈山时期，毛泽东同志就指出，“没有调查，就没有发言权”。邓小平同志也说过：“工作能不能落实，关键在于领导干部是不是以身作则，深入实际调查研究，从实际出发，分析问题，解决问题。”习近平总书记也曾多次强调，“调查研究是谋事之基、成事之道”，“要在全党大兴调查研究之风”。调查研究是我们党的传家宝，也是我们做好各项工作的基本功。中国特色社会主义进入新时代，展现出美好前景。但要实现新时代党的奋斗目标，仍然需要付出艰苦努力。党员、干部更好履行职责、承担使命，必须大兴调查研究之风，在调查研究中发现问题、解决问题。调查研究的过程，也是提高认识能力、判断能力和决策能力的过程。

二、增强眼力，不断强化问题导向

眼力，就是宣传工作者的分析能力、辨别能力、判断能力，是做好宣传工作的基本功。增强眼力，就是要善于观察、善于发现、善于判断、善于辨别，既见人之所见，亦见人之所未见。宣传工作者要善于从纷繁复杂的表象中洞察本质，从众说纷纭的争议中明辨是非，从快速变化的实际中把握规律，使宣传工作始终顺应时代要求、体现时代进程、推动时代发展。宣传工作者要善于运用马克思主义的立场、观点、方法来观察事物、分析问题，炼就去伪存真、去粗取精的“火眼金睛”，切实解决看不见、看不准、看不远的问题。

增强眼力，就是要求广大宣传工作的党员干部增强敏锐眼光、锻炼超凡眼神。增强眼力的关键是着力增强发现真善美的能力，发现主旋律的能力，发现正能量的能力，发现担当时代大任新人的能力，更好强信心、聚民心、暖人心、筑同心。广大宣传工作者要善于认清形势、把握大势，统一思想、凝聚力量；要树立政治敏感力，善于观察、善于分析、善于辨别，敢抓敢管，敢于亮剑，敢于站在风口浪尖上进行斗争；要眼光敏锐、眼光独到，善于发现真善美，发现基层经验，发现身边典型，发现正能量。眼力是要求我们在学习工作过程中，在纷繁复杂、瞬息万变的时代发展进程中，看清楚社会发展前进的大方向，进一步坚定政治立场、政治信念，增强政治敏锐性和政治辨别力，牢牢把握宣传工作正确的政治方向。

增强眼力的实质是增强政治思维、战略思维。宣传干部必须具备政治思维、战略思维能力，炼就看得清、看得透、看得远的“火眼金睛”。旗帜鲜明讲政治是做好宣传工作的根本要求，也是干部能力素质的第一位要求。宣传思想干部的眼力，集中反映在能否从政治上分析问题、解决问题，做到眼睛亮、见事早、行动快。宣传干部必须牢牢把握“两个巩固”的根本任务，强化“四个意识”，坚定“四个自信”，始终做到“两个维护”，在党言党、在党爱党、在党护党。宣传工作是一项政治性、政策性、专业性、艺术性都很强的工作，既要政治过硬，又要本领高强。特别是当前意识形态领域形势更加严峻、更加复杂，维护政治安全、文化安全的责任更加重大，必须增强斗争意识，练好斗争本领。领导干部只有不断提高政治思维能力，才能应对“四大考验”和“四种危险”，不忘初心、坚定意志；才能在大是大非和政治原则问题上，毫不含糊、毫不动摇，旗帜鲜明、坚持不懈地与各种错误思想言行作斗争。

增强眼力，强化问题意识、坚持问题导向，首要是认识规律、遵循规律、运用规律，主动正视矛盾，妥善处理各种矛盾，不断为减少和化解矛盾培植物质基础、增强精神力量、完善政策措施、强化制度保障，最大限度激发广大党员干部活力，最大限度增加积极因素，最大限度减少不和谐因素。要先谋势，站在战略的、政治的、全局的高度认识把握当下形势，认真分析哪些是优势，哪些是短处，哪些力量可以利用，哪些矛盾应该及时化解，做到准确预测发展趋势，见微知著，未雨绸缪，把问题解决在萌芽状态，把工作做在前头。同时，也要有知难而进的勇气、艰苦奋斗的精神和扎实苦干的作风，从而能够在解决矛盾和困难的实践中不等不靠去赢得主动权；安于现状、不思进取，遇到困难躲开，遇到问题绕开，就不可能有工作的主动权。特别是要不断提高应对复杂局面的能力，尤其是在困难的情况下，能正确认识和处理各种矛盾，使政策措施和各项工作认真考虑和兼顾不同方面的利益和诉求，积极稳妥有效地解决深化改革中的深层次矛盾问题。广大党员干部要有目的地去增强眼力，要把增强眼力和宣传工作实际结合起来，着力解决宣传工作中的理论问题和策略问题。

三、增强脑力，提高解决问题的能力与水平

脑力，是宣传工作者思想水平、政治水平、理论水平的集中体现。增强脑力就是愿思考、勤思考、能思考、善思考，并作出准确分析、判断的能力，是自觉加强马克思主义理论学习，自觉担负起新形势下宣传工作的使命任务，自觉把党和国家的路线、方针、政策和本地区、本部门的实际相结合，自觉开展实践创新、理论创新的能力。新时代，广大党员干部更要深入思考、深刻认识新变化、新机遇、新挑战，多出好思想、金点子、妙主意，始终确保宣传工作的正确前进方向、发展道路。

增强脑力的实质是增强辩证思维和科学思维。增强脑力，要培养全面辩证的思维。唯物辩证法是马克思主义关于自然、社会和思维发展一般规律的基本理论，是宣传工作者必须掌握的科学方法。宣传工作面对的客观世界是复杂的有机体，其复杂性就在于事物之间存在普遍联系，这些联系相互作用、相互影响，并处于不断的发展变化中。宣传工作者要揭示事物发展的本质规律，展现社会生活的真实面貌，就需要对事物有全面深入的认识、分析和把握。例如，马克思主义新闻观与西方新闻观的一个重要区别，就在于马克思主义新闻观坚持整体真实原则，认为新闻报道不仅要确保个体真实，还要确保所反映事物的整体面貌也是真实的。我们这么大一个国家，社会主流是进步向上的，但也确实存在一些问题。如果只看到阴暗和负面，看不到光明和正面，虽然反映的个别事情可能是真实发生的，但从整体上看也是不真实的。要善于运用唯物辩证法观察社会运动和事物发展，从诸多矛盾中抓住主要矛盾，从矛盾的诸多方面中抓住主要方面，把握好主流与支流、整体真实与个体真实的关系，向受众全面呈现事物的本来面貌。因此，重视辩证思维，是总结党的历史发展进程中的经验教训而得出的重要结论，是正确处理中国特色社会主义建设当中一系列重大矛盾关系的内在要求。

增强脑力必须要善思多谋，善想多干。“学而不思则罔”。增强脑力，就是要善思多谋，做到学思践悟。做好新时代宣传工作，必须在学习中增强脑力，让脑子动起来、学起来、活起来，使自己在思想上强健起来。增强脑力，首先要勤于学、以学益智、以学修身、以学增才，要敏于思，善于发现问题、提出问题、思考问题、研究问题、回答问题。做好新时代宣传工作，必须多想肯干，做到务实高效。作为一名宣传工作者，在实践中发现问题、积累经验，使自己在工作中游刃有余。只有善思多谋，善想多干，才能提升在理论学习、主题宣传、文明创建、舆论引导、文化建设等方面的实战能力，才能提升在宏观谋划、微观调研、思想表达、创新工作等方面的整体素质。

四、增强笔力：解决善于表达、勇于创新的问题

笔力，从字面上看是下笔成文、妙笔生花的能力，实质上体现的是宣传工作者的政治素质、理想情怀、知识水平、文化修养和专业功底。笔力是宣传工作的基本功，是广大宣传干部必须掌握的本领。增强笔力，是要能写会说，提升文字功底。提升文字能力，不是一时之功，必须持之以恒，久久为功。增强笔力，就是要求我们把所学所思所践所悟，落实到具体宣传工作中，落实到理论、新闻、文艺、文明等各个领域。我们要适应时代新变化和人民群众新期待，练精笔力，贯通不同话语系统，写活写新写实文章，坚持短小精炼、生动鲜活，既接天线又接地气，把深理论写得深入浅出、把大道理写成通俗易懂，推动宣传工作往深里走、往实里走、往心里走。

增强笔力的实质就是增强创新思维和系统思维。创新思维是指以新颖独创的方法解决问题的思维过程，通过这种思维能突破常规思维的界限，以超常规甚至反常规的方法、视角去思考问题，提出与众不同的解决方案，从而产生新颖的、独到的、有社会意义的思维成果。通俗地说，就是因时制宜、知难而进、开拓创新的科学思维。纵观世界发展史，人类的一切文明成果，都是创新思维的胜利果实，都是创新智慧的结晶。大到一个国家、一个民族、一个政党，小到一个团队甚至一个人，大创新大成就，小创新小成就，不创新没成就。要进一

步提高对创新和创新思维的认识，增强创新的紧迫感。习近平总书记指出，创新是一个民族进步的灵魂，是一个国家兴旺发达的不竭动力，也是中华民族最深沉的民族禀赋。[8]“惟创新者进，惟创新者强，惟创新者胜。”正所谓，抓住了创新，就抓住了牵动经济社会发展全局的“牛鼻子”。实践证明，大到一个国家在世界舞台上站稳脚跟，小到一个地方、一个企业，创新都是引领发展的第一动力。“抓创新就是抓发展，谋创新就是谋未来。”创新思维是人类特有的高级思维活动和精神过程，是与时俱进、知难而进、突破上进的科学思维。必须大力弘扬以改革创新为核心的时代精神，保持锐意创新的勇气、敢为人先的锐气、蓬勃向上的朝气，以思想的新解放、改革的新突破、创新的新成果，推动各项工作取得新进展。在宣传工作中，广大党员干部必须把创新摆在全局工作的核心位置。增强笔力，就是要增强创新思维，在优秀作品的表现方式和手段上进行创新，努力推出思想精深、艺术精湛、制作精良的作品。“苟日新，日日新，又日新。”在创新问题上，广大党员领导干部应当把握创新的形式、途径和方法。“明者因时而变，知者随事而制。”面对新情况新问题，不是凭经验翻老黄历，不是循旧历找教科书，而是努力想新办法、找新出路、创造新经验、开创新局面，并且掌握创新的内在规律和诀窍，从而不断提升创新思维能力。

增强笔力必须要善于表达、勇于创新。增强笔力，就是要善于表达，少一些结论和概念，多一些事实和分析；少一些空泛说教，多一些真情实感；少一些抽象道理，多一些鲜活事例，从而吸引人，打动人，

8 习近平.：《在欧美同学会成立 100 周年庆祝大会上的讲话》，《人民日报》2013 年 10 月 22 日。

感染人。作为思想宣传工作者必须提高文字水平，善于表达、勇于表达、熟练表达。用事例说服人，言之有理、言之有物，避免空话、套话。还要熟练运用新技术创新传播方式、表达方式，推进理念、内容等全方位创新，牢牢占领信息传播的制高点。增强笔力，要用好群众语言，提升表达能力，增强传播效果。所谓群众语言就是要用好鲜活生动的公众语言。这个公众语言是指细节化的表达方式，情节化的传播习惯和碎片化的传播需求。这就要求我们的大众传播相应地做到短、实、新，越是重大的主题越需要小切口，越是重要的选题越要有精彩的故事表达，要对应群众需求做到传播内容和产品鲜活生动、深耕细作、吸睛走心、好看好玩，从而使主流媒体增强传播力、引导力、影响力、公众力。用好群众语言要运用好网络化的新兴语态。这个新兴语态是指变化中的语言，主要是存在于青年受众语言习惯中的热词、萌词等。语言不是一成不变的，随着时代的变化和人们个性化表达方式的需求增加，新词、热词层出不穷，这些变化中的词语甚至成为年轻受众对传播产品接受与否的标识。用好新兴语态是大众传播的必备技巧，也是能力创新的重要一环。用好群众语言还要运用好多维度的传播语言。图片、动漫、音画、音视频、直播等，是现代传播格局中受众之间信息沟通的“语言”。这种依赖于智能移动端的新语言体系，是人类文化进程中的重要演进。大众传播在媒体融合中要“长袖擅舞”，将这些“语言”用好用活，形成网上网下同心圆，使全体人民在理想信念、价值理念、道德观念上紧紧团结在一起，让正能量更强劲、主旋律更高昂。[9]

9　习近平：《论党的宣传思想工作》，中央文献出版社 2020 年版，第 354 页。

五、开展增强“四力”教育实践的基本要求

2019 年 2 月 12 日，时任中宣部部长的黄坤明同志在增强脚力、眼力、脑力、笔力教育实践工作电视电话会议上指出，要认真学习贯彻习近平总书记关于加强宣传思想战线队伍建设的重要论述，扎实开展增强“四力”教育实践，以提高政治能力为根本，以增强专业本领为关键，以锐意创新创造为紧要，以培养优良作风为基础，推动队伍整体素质实现大提升。[10]

（一）增强“四力”，根本在提高政治素质

宣传工作就是政治工作，讲政治是第一位的要求。宣传战线增强“四力”，必须加强政治历练和政治修养，坚持党的政治领导，坚定崇高政治理想，全面提升政治觉悟和政治能力，始终在政治立场、政治方向、政治原则、政治道路上同党中央保持高度一致。

政治意识、大局意识、核心意识、看齐意识，集中体现了根本的政治方向、政治立场、政治要求。思想上有了这“四个意识”，行动上就有了基本遵循。要紧紧抓住增强“四个意识”这个根本，着力锤炼忠诚于党、忠诚于人民的政治品格，切实把坚持党的领导的最高政治原则落实到具体工作中、体现到日常言行中，以实际行动和实际成效坚决维护习近平总书记的核心地位、坚决维护党中央权威和集中统一领导，以真挚情感和真抓实干向党中央对标看齐、向习近平总书记对标看齐。

10 黄坤明：《增强脚力眼力脑力笔力 守正创新做好新形势下宣传思想工作》，《求是》2019 年第 1 期。

理论上的清醒是政治坚定的前提。理论武装越彻底，理想信念就越坚定，坚持党的政治路线就越自觉，贯彻党的政治主张就越有力。要用习近平新时代中国特色社会主义思想把宣传战线武装起来，按照学懂弄通做实的要求，进一步加强改进理论学习、教育和培训，推动广大宣传工作者掌握这一思想的科学体系、丰富内涵和精神实质，把握贯穿其中的马克思主义立场观点方法，打牢思想根基、筑牢精神支柱，不断增强道路自信、理论自信、制度自信、文化自信。要深入学习贯彻习近平总书记关于宣传工作的重要思想，深刻把握新形势下宣传工作的地位作用、目标任务、职责使命、实践要求，更加自觉地用以统一思想行动、谋划推进工作，不折不扣地贯彻落实党中央决策部署。

讲政治不是抽象的，而是要落实到具体行动上、体现到实际效果上。要始终坚持党管宣传、党管媒体、党管意识形态，始终坚持政治家办报办刊办台办网，始终坚持党性和人民性相统一，把坚持正确政治方向的要求贯穿融入宣传工作各环节、全过程。无论是理论武装、新闻出版、广播电视、网信工作，还是文化文艺、思想道德教育、精神文明创建、对外宣传，都要善于从政治上看问题，增强政治敏锐性和政治鉴别力，牢牢把握正确的政治方向、舆论导向、价值取向。要严明政治纪律和政治规矩，严守宣传纪律和工作纪律，做到有令必行、有禁必止，以统一的意志、坚决的行动履行好党和人民赋予的职责使命。

（二）增强“四力”，关键在提升业务本领

宣传工作是在人的头脑里搞建设，没有“几把刷子”是干不了的。

宣传战线增强“四力”，必须在培育专业精神、提升专业素养、增强专业能力上下功夫，掌握“看家本领”，练出好把式、真功夫，更好地适应和跟上时代的变化、实践的发展、人民的期待。

合格的宣传工作者，掌握精湛的专业技能是基础。要争做岗位上的行家里手、领域里的专门家，从理论上、笔头上、口才上或其他专长上练好练精“几把刷子”，真正做到讲的话群众喜欢听，写的文章群众喜欢读，创作的影视作品、舞台艺术群众喜欢看。宣传战线各级领导干部应当有着更高的标准，始终保持本领恐慌、本领不足的危机感，一刻不停增强本领，着力提高把握正确方向导向的能力、巩固壮大主流思想文化的能力、管理意识形态阵地的能力、开展网上舆论宣传和斗争的能力、处理复杂问题和突发事件的能力，牢牢掌握工作的主导权、主动权。

当前，互联网已经成为宣传工作的主阵地、意识形态斗争的主战场。提升业务本领，必须把更多的精力放在提高建网、用网、治网的能力上。要强化互联网思维，积极探索网络信息生产传播的特点规律，深刻把握传统媒体和新兴媒体融合发展的趋势，善于运用网络新技术新应用，熟练掌握分众化、互动化方式，不断提高网上正面宣传和网络舆论引导的水平。要提高网络综合治理能力，善于运用经济、法律、行政、技术等各种手段管网治网，推动形成更加清朗的网络空间，使互联网这个最大变量转变为事业发展的最大增量。

提升业务本领没有捷径，必须勤于学习、善于思考、勇于实践。要把学习当作紧迫的任务、永恒的追求，在加强政治学习的基础上，结合工作实际加强积累、深钻细研，切实打牢专业功底，广泛涉猎政治经济、历史文化、法律社会、科学技术等各方面知识，不断认识新事物、熟悉新领域、开拓新视野。要把学习和思考紧密结合起来，增强政治思维、辩证思维、历史思维、创新思维、底线思维，既有敏于发现的眼睛，又有深刻洞察的头脑，练就透过现象看本质、廓清迷雾辨是非的本领。要把实践作为增长才干的根本途径，发扬实干苦干精神，坚持在干中学、在学中干，做到学以致用、用以促学、学用相长，不断提高运用科学理论和丰富知识解决实际问题的能力。

（三）增强“四力”，紧要在锐意创新创造

随着经济社会的快速发展，宣传工作的外部环境、社会条件、工作对象都发生了深刻变化，新情况、新问题不断涌现，做好工作比以往任何时候都更加需要创新。宣传战线增强“四力”，就要坚持守正创新、锐意进取，保持思想的敏锐性和开放度，认识新事物、把握新规律，敢于打破思维定势和路径依赖，使主观认识更加符合客观实际、跟上新时代的节律，不断有所发现、有所创造、有所前进，推动宣传工作更好体现规律性、增强时代性、富于创造性。

当今世界正处于百年未有之大变局，当代中国用几十年的时间走过了西方国家几百年的发展历程。要立足时代前沿，不断深化对时代特征和发展大势的认识把握，自觉把我们的思想从不符合新时代要求的条条框框中解放出来，积极探索社会发展、信息传播、思想演变的内在规律，增强贴近时代的在场感、跟上变化的紧迫感，以敏锐的感知力、洞察力增强工作的适应力、引领力。要加强经验总结，主动向实践学习、向基层学习、向群众学习，善于从各领域各方面的创新做法和基层创造的新鲜经验中拓展新视野、形成新理念、探索新路径，

不断提高总结经验、提炼认识、推动工作的能力。

我国社会主要矛盾发生深刻变化，人民群众对更好精神文化生活的需求日益高涨，满足人民群众的向往和期待是我们工作的奋斗目标、动力源泉。要坚持以人民为中心，把增强人民群众的精神文化获得感幸福感作为出发点和落脚点，科学把握不同群体的思想实际、生活状况、接受习惯、文化需求，更加精准、更加有效地提供文化供给和服务。要着眼推动文化高质量发展，围绕创作生产、公共服务、经营管理等各个环节，苦练内功、精益求精、追求卓越，着力提高内容的原创力、传播的影响力，切实增强体制机制的活力、引领市场的能力，更好构筑人民精神家园、充盈群众文化生活。要聚焦群众所思所想所盼，紧密结合新的时代条件，积极探索新形势下有效开展思想政治工作的方式方法、载体手段，切实增强宣传群众、教育群众、凝聚群众的能力。

问题是时代的声音、创新的起点。宣传工作向来是在不断发现问题、解决问题中创新发展的。现在，我们还面临不少补短板、强弱项的任务，比如，理论学习宣传的针对性实效性亟待增强，媒体融合还没有实现从“相加”向“相融”的转变，社会主义核心价值观建设还需要进一步落细落小落实，优质文化产品供给能力不足，国际传播能力与我国综合国力还不够匹配，等等。这些问题，是工作实践提出的重要课题，也是实现创新创造的突破口。要强化问题意识、坚持问题导向，树立攻坚克难的勇气担当，把握问题的实质和成因，探寻解决问题的思路办法，提出新战略新举措，完善新制度新机制，在破解难题、补齐短板中实现新作为、取得新成效，不断增强工作的原则性、系统性、预见性、创造性。

（四）增强“四力”，基础在锤炼优良作风

宣传工作是群众工作，有没有良好作风直接决定着工作的效果和水平。宣传战线增强“四力”，要始终坚持和自觉践行党的群众路线，站稳群众立场、树立群众观点、增进群众感情，切实解决好“为了谁、依靠谁、我是谁”的问题，在深化作风养成、强化作风锤炼中展现新风貌、创造新业绩。

形式主义、官僚主义是党和人民事业的大敌，是宣传战线作风建设首先要克服和解决的问题。要始终保持对形式主义、官僚主义的高度警觉，坚持马克思主义认识论方法论，坚持党的思想路线，坚决反对主观主义、经验主义，筑牢力戒形式主义、官僚主义的思想防线。要紧密结合思想和工作实际，把自己摆进去、把工作摆进去，认真查找形式主义、官僚主义的具体表现，剖析原因、找准症结，下大决心大气力纠正问题、改进工作。要突出“实”、力戒“虚”，坚持实事求是、求真务实，坚持一切从实际出发，杜绝套路化、模式化，杜绝表面文章、花架子、走过场，着力解决工作不实、不深、不精的问题。要弘扬担当精神，鲜明实干导向，切实纠正不担当、不负责、不作为的问题，杜绝表态多调门高、行动少落实差的现象，做到推动工作实打实、硬碰硬，解决问题雷厉风行、见底见效，面对难题敢抓敢管、敢于担责，做宣传工作的“挑山工”。

文风是作风的集中体现，宣传工作者是拿“笔杆子”的，改进文风尤为重要。要坚持短实新、反对假长空，多讲实话家常话，少讲套话场面话，多一些平实务实切实，少一些过度铺陈渲染，力求清新朴实、生动鲜活，让群众听得懂、听得进，不断增强亲和力感染力吸引力。要把讲好故事作为改进文风的有效方式，胸中有时代、心中有人民地

讲，充满自信、用心动情地讲，既全景式呈现、又细节化展现，做到见人见事、见思想见精神。要创新话语表达方式，适应分众化差异化传播趋势，运用老百姓的语言、青年人的语言，采取群众喜闻乐见、便于接受的载体形式，让我们的宣传工作更接地气、聚人气，更有情感、有温度。

重视调查研究、善于调查研究，是我们必须始终坚持和发扬的优良传统。要大力弘扬唯实求真精神，紧紧围绕开创宣传工作新局面，抓住事关全局和长远的重大问题，抓住制约事业发展的难点问题，抓住人民群众关心关注的突出问题，全面准确掌握真实情况，广泛听取意见建议，科学谋划思路举措，在深入细致的调查研究中锤炼作风、增强“四力”。要拜人民为师、向群众学习，深入农村、社区、工矿、校园、军营，深入革命老区、民族地区、边疆地区、贫困地区，在最基层了解国情党情、把握社会实际，在第一线强化宗旨意识、增进人民情怀，在与群众交流交心中把握群众需求、回应群众关切。要建立健全常态化的调查研究工作机制，大兴调查研究之风，特别是各级领导干部要发挥带头示范作用，推动全战线人人注重调研、人人参与调研。

按照党中央的部署要求，宣传战线开展了增强“脚力、眼力、脑力、笔力”教育实践。要把这项工作作为一项基础性、战略性工程来抓，与“两学一做”学习教育常态化制度化结合起来，与“不忘初心、牢记使命”主题教育结合起来，与宣传战线干部人才队伍教育培训结合起来，推动宣传工作队伍素质能力有一个大的提升。要坚持分类指导、统筹推进，围绕理论、新闻、文艺、出版、网信、外宣以及精神文明创建等不同领域，有针对性地丰富内容、设计载体，及时总结经验、推广典型。要坚持融入日常、抓在经常，突出成果导向、效果导向，把解决思想上、能力上、作风上的问题同解决实际工作中的问题结合起来，防止空对空、两张皮，确保教育实践工作取得实效。[11]

第三节 做到“政治过硬、本领高强、求实创新、能打胜仗”

习近平总书记强调，要努力打造一支政治过硬、本领高强、求实创新、能打胜仗的宣传思想工作队伍。深入贯彻落实习近平总书记的重要指示要求，培育一支政治强、业务精、作风硬的宣传工作队伍，建设一支高素质宣传工作队伍，是我们担当使命任务、奋力开创新时代宣传工作新局面的重要保证。

一、政治过硬，忠诚可靠

宣传工作是政治工作，大事小情都要讲政治。这就要求宣传工作要以党的政治建设为统领，牢固树立“四个意识”，坚定“四个自信”，做到“两个维护”，始终在政治立场、政治方向、政治原则、政治道路上同党中央保持高度一致。要保持清醒头脑，提高政治敏锐性和政治鉴别力，不为杂音噪音干扰，不为错误思想迷惑。要严守党的政治纪律和政治规矩，严守党的宣传纪律，把讲政治作为第一位的要求，把忠诚可靠作为第一位的标准，始终做政治上的明白人、老实人。

---

11 黄坤明：《增强脚力眼力脑力笔力 守正创新做好新形势下宣传思想工作》，《求是》2019 年第 1 期。

由于宣传工作本质上是政治工作，宣传工作者必须要自觉学习，锤炼党性，提高政治站位，做到政治信仰上坚定不移，政治立场上旗帜鲜明，政治定力上坚如磐石，以实际行动坚决维护习近平总书记的核心地位，坚决维护党中央权威和集中统一领导，在思想上政治上行动上同党中央保持高度一致。要突出忠诚、可靠的政治标准，做对党忠诚的战士，始终坚定对马克思主义的信仰，坚定对社会主义和共产主义的信念，坚定对中国特色社会主义的道路自信、理论自信、制度自信、文化自信。要把政治过硬体现到实际工作中，坚定不移贯彻落实习近平总书记在全国宣传思想工作会议上的重要讲话精神，不折不扣把党中央关于宣传工作的各项决策部署落到实处。

二、本领高强，学有所长

宣传工作专业性强，业务范围广，工作要求高，宣传工作者必须要有高素质、好把式、真功夫，才能胜任党和人民交给的重大任务，才能有力应对前进路上的各种风险和挑战。宣传干部要牢固树立学习就是工作、工作就是学习的理念，认真学习党的理论创新成果，学习工作需要的专业知识，学习群众创造的实践经验，在学习中提高党性修养，补齐知识弱项、能力短板。坚定不移用习近平新时代中国特色社会主义思想武装头脑，在学懂弄通做实上下功夫，读原著、学原文、悟原理，真正做到参悟透、领会准、运用好，不断提高马克思主义理论水平。要强化实践锻炼，在社会主义现代化建设的火热实践中砥砺品质、强健筋骨、增长才干，不断丰富专业知识、提升专业能力、培养专业精神，切实增强“八种本领”，练就过硬脚力、眼力、脑力、笔力，真正成为宣传工作的行家里手。

三、求实创新，担当作为

当前，宣传工作担当起举旗帜、聚民心、育新人、兴文化、展形象的使命任务，既有“守正”的要求，又有“创新”的课题。宣传工作者要在认真总结、善于运用成功经验的同时，切实增强创新意识，积极顺应形势发展新变化、事业发展新要求、人民群众新期待，根据新形势下宣传工作环境、对象、范围、方式等发生的深刻变化，深入推进思路理念、内容形式、方法手段、体制机制创新，积极探索有利于破解工作难题的新举措新办法。要努力在新时代有新担当新作为，切实增强政治担当、历史担当、责任担当，自觉肩负使命任务，在其政、干其事、求其效，以认真务实的态度、滴水穿石的执着、锲而不舍的韧劲，在守正创新中创造无愧于新时代的新业绩。

四、能打胜仗，作风务实

好作风是战斗力、是推动力，更是凝聚力，是能打胜仗的有力保证。宣传工作者要大力弘扬求真务实精神，大兴求真务实之风，树立真抓实干导向，坚决反对“四风”特别是形式主义、官僚主义，突出“实”，力戒“虚”，真正把心思凝聚到工作中，把精力集中到事业上，以一流的作风创造一流的业绩。要旗帜鲜明站在意识形态工作第一线，当战士不当“绅士”，勇于挑最重的担子，敢于啃最硬的骨头，在大是大非面前敢于亮剑，在困难矛盾面前迎难而上，在危机挑战面前挺身而出，关键时刻站得出、冲得上、打得赢。要树牢正确的用人导向，大胆使用那些人品正、干实事、敢破难、有担当的干部，保护敢作敢为、勇于碰硬的干部，形成肯干事、敢干事、能干事、干成事的良好氛围。

一言以蔽之，加强党对宣传工作的全面领导，关键在人才，根本靠队伍。要以开展“四力”教育实践工作为抓手，以反对形式主义、官僚主义为突破口，努力打造一支政治过硬、本领高强、求实创新、能打胜仗的宣传工作队伍。

后 记

宣传工作是党的一项极端重要的工作，是党领导人民不断夺取革命、建设、改革胜利的优良传统和政治优势。党的十八大以来，以习近平同志为核心的党中央高度重视宣传工作，从党的前途命运、国家长治久安、民族凝聚力向心力的战略高度，把宣传工作摆在全局工作的突出位置。习近平总书记先后发表了一系列重要讲话，深刻回答了宣传工作的地位作用、职责目标、使命任务、原则要求等重大问题。习近平总书记关于宣传工作的重要思想，是习近平新时代中国特色社会主义思想的重要组成部分，是做好新时代宣传工作的行动纲领和根本指南，必须长期坚持、不断发展，时刻铭记、努力践行。

本书以习近平新时代中国特色社会主义思想为指导，以新形势下宣传工作的新使命新部署新要求为主题，从新时代宣传工作的历史方位、根本遵循、中心环节、使命任务、战略任务、重要职责、重要要求、重要目标、队伍建设、政治保证等十个方面，系统梳理了新形势下宣传工作的时代背景、基本内容和重要意义，对广大党员干部和读者进一步明确新时代宣传工作的丰富内涵、核心要义和实践要求，具有较好的帮助指导作用。

本书定位为党员干部通俗理论学习读物，旨在通过对习近平总书记有关重要讲话精神、党中央有关决策部署和会议精神以及有关专家学者相关文章著作的爬梳整理，为广大党员干部全面了解、系统掌握新时代宣传工作，提供简明学习材料和工作辅导参考。编写过程中参考了专家学者的大量观点和论述，限于本书体例没有一一列出注明，在此表示感谢和致歉。需要指出的是，由于编者理论水平有限，实践经验不足，本书的错误纰漏之处在所难免，恳请广大读者批评指正。

编者

2023 年 4 月